彭震伟 主编

春风化雨润无声
——新时代研究生导学思政实践撷英

同济大学出版社·上海

图书在版编目（CIP）数据

春风化雨润无声：新时代研究生导学思政实践撷英 / 彭震伟主编. -- 上海：同济大学出版社，2022.11
ISBN 978-7-5765-0478-1

Ⅰ.①春… Ⅱ.①彭… Ⅲ.①研究生－思想政治教育－研究－中国　Ⅳ.①G643.1

中国版本图书馆 CIP 数据核字（2022）第 217937 号

春风化雨润无声——新时代研究生导学思政实践撷英
彭震伟　主编

| 责任编辑 | 翁　晗 | 助理编辑 | 孙铭蔚 | 责任校对 | 徐逢乔 | 封面设计 | 陈益平 |

出版发行	同济大学出版社　www.tongjipress.com.cn
	（地址：上海市四平路1239号　邮编：200092　电话：021-65985622）
经　销	全国各地新华书店
印　刷	上海安枫印务有限公司
开　本	710mm×1000mm　1/16
印　张	13.5
字　数	270 000
版　次	2022年11月第1版
印　次	2022年11月第1次印刷
书　号	ISBN 978-7-5765-0478-1
定　价	98.00元

本书若有印装质量问题，请向本社发行部调换　　版权所有　侵权必究

编写委员会

主　编　彭震伟
副主编　陈　城　王小莉　蔡艳丽
委　员　(以姓氏笔画为序)
　　　　王小莉　王佳琪　王　玲　王梦霓　王聪慧　邓宇洁　李杨帆
　　　　李博然　吴晓培　辛　旭　张永刚　张桁嘉　郑宇智　徐　楠
　　　　徐瀚阳　高玉磊　唐育虹　凌昱晨　蒋　励

前言

　　研究生教育在培养创新人才、提高创新能力、服务经济社会发展、推进国家治理体系和治理能力现代化方面具有重要作用。2020年7月29日，全国研究生教育会议召开，习近平总书记对研究生教育工作作出重要指示，强调要适应党和国家事业发展需要，培养造就大批德才兼备的高层次人才，为推进研究生教育工作标定了时代方位、提供了根本遵循、注入了强劲动力。

　　导师作为研究生培养的第一责任人，在实验室、课题组等研究生培养的主体场景内，其学术指导、价值引领等职责的履行贯穿于研究生生涯发展的全过程，直接关系到研究生教育培养的质量，是研究生思想政治教育、科研能力提升、创新品格培育的综合执行者，学校研究生培养机制改革顶层设计的具体实施者，更是提升研究生培养质量的"衣领子""牛鼻子"。在导师指导研究生的过程中，研究生在从事学术研究时发挥主观能动性，对学术问题进行深刻挖掘，从中发现新的问题，迎接新的挑战，与此同时也在实践以及与导师的交互中不断深化自身的世界观、人生观、价值观。

　　基于研究生培养模式的"导"与"学"两个主体间双向有益互动的"导学思政"，在促进师生教学相长、共同进步，实现知识传承、思想引导和价值认同，提升两个群体的思想政治教育效果，形成育人合力方面意义重大。所谓"导学思政"是指聚焦研究生培养中的关键渠道，寓思想政治教育于导师与研究生的互动之中，提升导学互动中思想政治教育作用的有

I

效性和针对性，促进导学互动与思想政治教育形成协同效应，构建研究生人才培养内涵式发展的全员、全过程、全方位的思想政治教育格局。

  基于上述思考，本书聚焦"导学思政"建设，基于学术研究的道德规范和价值追求，广泛挖掘现有"导学思政"建设的实践案例，以事实和现实为基础，通过"对话师者""倾听生音""教学相长"三个篇章，分别从"导师""研究生"和"导学团队"三个视角搭建师生对话平台，展现导师如何在创新多元的互动场域中，在学术价值引领、情感交流与人文关怀以及价值选择引导等方面实现对研究生的积极影响，更好地发挥导师言传身教的思想引领作用，促进师生教学相长、共同进步；同时建立多种交流渠道，建立师生双向反馈机制，构建共情体验，在平等对话和示范引导基础上，浸润共生共进的和谐导学思政模式，让师生在互动中实现凝聚共识和价值认同，共建导学价值共同体，拓展研究生思想政治教育工作空间，深化研究生思想政治教育内涵。

本书编委会

目 录

前　　言

第一篇章　对话师者

成功之我见　/ 2
　　　　设计创意学院　范圣玺

做好关键选择，成就梦想人生　/ 5
　　　　环境科学与工程学院　徐竟成

爱人者，人恒爱之　/ 9
　　　　建筑与城市规划学院　韩建新

桥梁创新，永远在路上　/ 12
　　　　土木工程学院　葛耀君

"导"的三个层次　/ 16
　　　　职业技术教育学院　张端鸿

追求、品格和锤炼：给文科专业研究生的三点建议　/ 20
　　　　外国语学院　黄立鹤

研究生的"3+1"学习法　/ 24
　　　　中德学院　沈　斌

学贵得师，亦贵得友　/ 27
　　　　交通运输工程学院　肖飞鹏

育人和学术的三个"秘诀"　/ 30
　　　　汽车学院　李理光

"好学生"与"好老师" / 34
　　　　航空航天与力学学院　戴　瑛

学术，是无止境的挑战 / 38
　　　　上海国际知识产权学院　谢　焱

成长是一种坚持 / 41
　　　　人文学院　解学芳

凡大成者，必是绝顶聪明且肯作笨功夫的人 / 45
　　　　经济与管理学院　钟宁桦

师者，教者，育者 / 49
　　　　法学院　袁秀挺

千教万教，教人求真；千学万学，学做真人 / 52
　　　　生命科学与技术学院　康九红

寻梦·追梦·圆梦 / 55
　　　　医学院　王秀丽

"好老师"的定义 / 59
　　　　体育教学部　叶　宇

第二篇章　倾听生音

我与导师：相信的力量 / 64
　　　　设计创意学院　宋东瑾

他还是从前那个"少年" / 68
　　　　数学科学学院　齐雪菲

我的"MAgic"导师 / 72
　　　　交通运输工程学院　马万经教授课题组

我们的"80后"导师 / 76
　　　　材料科学与工程学院　丁元琪

人生路上的一盏启明灯 / 79
　　　　环境科学与工程学院　闻　翔

一种好奇，一起做梦，一生结缘 / 83
　　　　人文学院　陈文芝

吾师朱元 / 88
　　　　中德学院　姜　维

我的 Super Supervisor / 91
　　　　医学院　孟璐璐

经师易遇，人师亦难得 / 95
　　　　上海国际知识产权学院　宋　健

身体力行，无问西东 / 99
　　　　电子与信息工程学院　赵思博

陪伴我读研的两个"小物件儿" / 103
　　　　电子与信息工程学院　李　迅

我的"导航卫星"导师 / 106
　　　　测绘与地理信息学院　聂宇锋

她是人间四月天 / 110
　　　　职业技术教育学院　尚美华　王可欣　吴扬　陈慧梅　马方慧

半亩花田满芳华 / 115
　　　　外国语学院　陈颖莹

爱的"上确界" / 119
　　　　数学科学学院　钱彦同

科学与艺术一路同行 / 122
　　　　数学科学学院　邹宏春

从师如此，心向往之 / 126
　　　　材料科学与工程学院　杨海静　冀言亮

给导师的一封信 / 129
　　　　国际文化交流学院　田　媛

极致的法则：用心　耐心　匠心 / 132
　　　　航空航天与力学学院　黄争鸣课题组

身教言传淬炼技艺，春风润物呵护成长 / 136
　　　　职业技术教育学院　王奕俊课题组

第三篇章　教学相长

我们的征途是星辰大海 / 142
　　　　——海洋与地球科学学院周怀阳教授团队
我们团队是一个温暖的大家庭 / 147
　　　　——材料科学与工程学院杜建忠教授团队
他是学生择师的"香饽饽" / 154
　　　　——土木工程学院黄宏伟教授团队
规划人才培养，这样接地气 / 163
　　　　——建筑与城市规划学院彭震伟教授团队
这个温暖的团队既有力量，又有担当 / 170
　　　　——机械与能源工程学院林建平教授团队
一枝一叶总关情 / 176
　　　　——土木工程学院石振明教授团队
和风细雨的力量 / 182
　　　　——航空航天与力学学院李岩教授团队
科教融合，培育高水平人才 / 191
　　　　——物理科学与工程学院王占山教授团队
科研软环境，他选择这样塑造 / 197
　　　　——医学院郑加麟教授团队
钻研甘坐冷板凳，创新敢为天下先 / 202
　　　　——数学科学学院许学军教授团队

第一篇章

对话师者

"大学之道，在明明德，在亲民，在止于至善。"身处大学校园，研究生接触最多的老师便是其导师。导师传授的，是知识，是德行；学生学习的，是学问，亦是品德。"师者，所以传道受业解惑也。"满腹经纶，常与学生论古今；学贯中西，视野高远谈往来。他们的每一句话，都是春风，能够化雨；他们的每一次思考，都可言传，亦可身教。他们是明灯，照亮学生迷茫的心底；他们是引路人，为学生指明前行的方向。宫墙重仞，愿促膝而谈；耳提面命，忆谆谆教导。

"对话师者"篇章集结了17位同济大学导师的文章。他们或以个人经历为例，将求学、探索的秘诀娓娓道来；或围绕学科前沿主题，犀利剖析、高瞻远瞩；或就如何培养学生、培养什么样的学生的教育议题展开深入探讨。他们以过来人的身份告诉学生，做学术科研要耐得住寂寞，要守得住底线；他们作为长者，叮嘱研究生们学以为人、习以为德；他们直面导生关系中的现存问题，以交流为平台，向学生敞开心扉，从内心和精神层面与学生产生共鸣。

阅读是立体化的交流，一篇篇文章中展现的是导师们研学多年、沉淀几番春秋的精神凝练，相信莘莘学子通过阅读和思考，将对科研、人生、未来有所感悟。

成功之我见

设计创意学院　范圣玺

【导师简介】

范圣玺，设计创意学院教授。研究方向：设计行为学、设计认知学、设计思维、通用设计。

　　成功是一个很难界定的概念，似乎也没有将其界定清楚的必要。

　　那日偶遇一名曾经教过的学生。询问其近况，却见他略有几分尴尬，自言"不太理想"，也讲到了工作中的不如意。我不知道他所说的"理想"是什么样子，但我想应该是某种预期的目标吧。作为老师，我从心底里希望他不要把目标定得太高，至少把目标做个阶段性的分解也好；我担心他一路以失败者的姿态和心境走下去，也许就真的难言成功了。况且目标是否实际，也是个需要思考和判断的问题。目送他渐渐远去，我又忆起他读书时意气风发的样子，便想到这个匆匆消失在人海中的青年能够考取同济大学，能够留在上海工作，对很多人而言，或许已经是一个了不起的成功者了。如此想来，个体不同，个体的目标不同，成功与否的标准也会不同罢。

正如那名同学的职场所遇，我们常常感叹："为什么会这样？不应该是这样！"其实很多时候，很多事情，原本就是那个样子，如同生命抵抗不了死亡。这不意味着人生的悲哀，而是人生的过程。理想就是理想，它是用来实现的，但未必所有理想都能如期成为现实。也许寻找人生意义和价值的过程，就是人生的意义和价值。远愁近虑，过程反倒不顺畅了。很多时候，理想是用来扬善抑恶的，虽不能至，心向往之，为理想努力的过程就是人生。少了理想，现实就暗淡无光了。把实现理想与"成功"对等没有道理；把在实现理想过程中遇到的挫折和失败定义为"不成功"，同样也没道理。不管这个评价是来自他人，还是出于自己。

我负责教学工作那会儿，曾与一名逃课的学生谈话，言及不来上课的原因，却是不能接受任课老师对其作业的评价。不能理解老师的评价其实只是一种判断，于是乎就选择了逃避。我所从事的是设计，它体现了人类创造行为的特质，没有唯一的答案，也没有统一的过程；但它又是现实的，受制约的，需要妥协的。设计的好处是可以处理现实与理想的关系，但因其没有正解，想评价一个设计也难，想说服学生放弃或者改变一个设计方案也难。设计专业的教学免不了评价学生的作品。如果学生闭目塞听，就很难有成长和提高。当然，如果因为学生表现不好就一味评价他设计能力不行，当老师的未免也失之偏颇。我曾经遇到过设计表现能力不佳，但很会用设计思维分析问题的学生，后来在其他领域从事研究，发展得也很好。当然"好"与"坏"是相对的，"好""坏"取决于评价的对象、标准和所处的环境。

现在的学生不似我上学那会儿每一个都鲜活灿烂，因为那时候的环境里没有统一的标准，没有唯一的目标，长成什么样子是顺其自然的事情。鲜活其实就是不一样，是自然而然的状态。如果压力太大，成长就容易出问题了。这不是不要标准，不是主张为所欲为，而是正确认识自我，学会处理好理想与现实的关系。知道人各有志，勿以短长论英雄，是学生和教师都要学会的课题。"天生我材必有用"，知道"材"在哪里，知道"材"

如何"用"、"用"在哪里，都很重要。所谓因材施教，大抵也是这个道理。

作为个体，我们总会遇见太多力所不及的事情，太多无能为力的东西。玫瑰就是玫瑰，芦苇就是芦苇，种子飘到哪里还要看风的情况。能不能生长，长成什么样子，要看土壤和年景。差异总是存在的，与高低优劣无关。玫瑰有玫瑰的浪漫，芦苇有芦苇的风情；风和日丽是风景，电闪雷鸣也是风景。正因如此，才有了气象万千、丰富多彩的世界。当每个个体都在努力存在着，都在尽力展现自己的精彩时，每个个体就都是成功者。有了这样的群体，世界才可以被称作有理想的世界，亦如费孝通先生所言："各美其美，美人之美，美美与共，天下大同。"

很喜欢"活在世上的人都有过人之处"这句话。它建立个体的自信，也是对他人的平等和包容。尺有所短，寸有所长。小时候下兽棋，知道猫咪不敌大象，大象不敌老鼠，老鼠又不敌猫咪，何言谁是强者、谁是败者？作为老师，我们要学会平等地对待每个学生的每一项长处，帮助每个学生强化和放大其长处。作为学生，要学会认识自己的长处，发挥自己的长处，而不能妄自菲薄、自惭形秽。当然，也要学会正视自己的短处，正确看待别人的短处。有能力要尽情发挥，不是自己擅长的事，尽力了便好，不必计较结果；倘若知其不可为而勉强为之，短处就会被放大。

这好比是演出，找到适合的角色就是正确定位。不同的角色有不同的剧情、不同的场景、不同的戏份。唱花脸的可以根据需要在歌剧舞台上客串，倘若非把唱主角当作演出成功的标准，就悲剧了。你有定力，价值就不会失去；你一直努力，成功就如影随形。重要的是清楚自己该做的事情，能做的事情，需要追求的事情，并且尽力把事情做好。目标在，那努力前行的每一步就都是在接近目标，每一步就都是一次成功的经历。至于能不能抵达那个理想的终极，其实就不重要了。倘如所有人都以终极为理想，世上便只剩下失败者了。

我想，成功是一个动态的过程，并不存在成功的尺度，也没有成功的终结者。

做好关键选择，成就梦想人生

环境科学与工程学院　徐竟成

【导师简介】

徐竟成，环境科学与工程学院教授，长期从事水污染控制与资源化、工业过程污染控制等领域的教学、研究、工程实践和管理工作。曾获"同济大学师德师风十佳教师""同济大学教学名师"等称号。

一、人生的关键也就是那么几个瞬间

我读书时整个环境学院在读的硕士生和博士生非常少。当时，我们国家国力比较弱，对科学的关注不够多，1983年同济本科毕业时，我们班大部分同学去了设计院工作，我也在大国企中工作了近十年，接触到了基层的实践问题。在解决这些具体问题的过程中，我发现自己在理论上功力不足，科学基础明显欠缺，往往能通过努力解决好一个问题，但总是不能给出圆满的理论依据与分析过程。尽管当时我有机会晋升为副总工程师，但我还是毅然决然地回到大学，继续提升自己的理论水平和科学素养，以更好地解决工程实践中的问题。

这是我人生中的一个重要转折点——从一名工程师转变为一名教学科研人员。解决实际问题，始终是我孜孜不倦的追求，也是我将"理工融合"作为科研与教学目标的根源。在这个过程中，我逐渐爱上了上课与人才培养，教书育人也成为我工作中的重点。我特别愿意将自己在工程实践中的经验与感悟融入教学之中，把我们国家的重大实践需求与科研教学紧密联系，与学生一起在工程科学领域中，发扬同济人脚踏实地的奉献服务精神，提升同济人的工程素养与科学情怀。

有时候我也在想，我们在人生中众多的关键时刻做了什么样的选择，以至于我们后来的一些选择，都取决于这些个关键时刻的选择。经济学上有人把它称作"宪法时刻"，即每个人确定自己的"操作系统"的那一刻。因此，我很希望同学们能够在关键的时刻做好选择，并坚持下去。我们环境学院有今天的成就，与一代代环境人在许多"宪法时刻"选择接续奋斗是分不开的。就拿我上学时的系主任胡家骏先生来说，他为人和蔼可亲，治学严谨，一丝不苟，给我们留下了极深的印象。同济环境人，要感谢这些令人尊敬的前辈和老师，传承发扬他们的优良传统。我还记得，有一次邓培德先生邀请了日本宫崎大学的石黑教授来同济讲学，国内许多高校和设计院的同行慕名而来，老先生诲人不倦，整整讲了两个星期，毫无保留地把他对生物转盘法的研究成果和实践经验传授给了大家，还在会后把所有的资料都留了下来。我辈镂骨铭肌，衷心希望同学们能够做好自己的选择，将同济环境人严谨、脚踏实地、甘于奉献的品质传承下去，"青出于蓝而胜于蓝"。

二、拥有自己的目标和梦想是一件很重要的事

我经常会跟我的学生们说，拥有自己的梦想是一件很重要的事，哪怕你的梦想很小，做人做事都一样要有高度、有追求。很多事情的失败，往往是自己起步太晚或者拖延造成的。

所以说，不怕同学们梦想太"大"，就怕同学们丢掉了梦想。现在这个时代，正是科学技术快速发展的时代，我想作为研究生的同学们，都要紧跟世界发展的前沿势态，努力提升自己的素养和各方面能力，用心进行科学研究，只有这样，才能在未来拥有一席之地，成就自己的梦想。同时，也要不断培养和提高自身的感悟能力，多思考、多实践，将研究与实际相结合，注意逻辑思维的培养，客观全面地看待问题，真正做好事、做对事。每个老师都有自己擅长的地方，作为学生，要努力学习导师身上的优势，同时也要学会扬长避短、取长补短，补上导师的弱项，这样才能全面提升自己，追求更加完美的目标。当然，同学们还要具有批判精神，看待事情有自己的"一家之言"，这点是现在年轻一代人，更是同济人特别需要的。做任何事情，都要有自己的思考，客观、辩证地看待问题，让自己的思想更加有高度。

有了"梦想"，就要开始为了"实现梦想"而持续努力了。同学们要根据自己的规划，积极主动地完成每个阶段的任务，包括研究实践、论文发表、学位论文撰写，都要安排好、规划好，抓前不抓后，赢得主动性。不仅要有长期规划，还要将这些长期规划分解成近期可以操作的计划，提高效率，做一个有追求的人。对研究生来说，学知识固然重要，但训练研究方法和培养思维方式更重要，这可能影响一生。身为研究生，一定要下大功夫学习一些具有一定门槛性质的专业工具，例如专业软件、程序语言、数学模型等。在读研过程中，要不断学习新的知识和方法，更新知识体系，提高自学能力。这些经历，将会培养你的自信心，让自己内心安定与充实。科学是解决一切问题的基础，希望研究生同学们多思考、多探索各种各样的科学问题，让思维碰撞出火花。同时，我也希望同学们能在平时多读书，多读好书。一个成功的科学家，不只是在科学上有成就，在思想上也有着相应的高度。

如今的同济人才辈出，桃李芬芳。希望大家坚持用"同舟共济"要求自己，以解决国家复杂环境问题为目标、以解决国家重大实践需求为己任。这样的理念与精神始终深刻影响着我，希望现在的研究生同学们也能继续传承并做到更好，将科学问题与实际工程技术相结合，与国际水准相接轨。

爱人者，人恒爱之

建筑与城市规划学院　韩建新

【导师简介】

韩建新，建筑与城市规划学院教授，高级工程师。曾获"上海市高校优秀学生思想工作者"称号和上海市倪天增奖等。

许多与共和国同龄的人，名字里都有共和国诞生时刻的印记，我也是如此。不知不觉中，我已年逾古稀。从教40多年，不论世事起伏变迁，我始终认为"育人、爱人"的品性不能变。40多年来，我始终持着一种挂念的心态，努力用自己的生命去关爱我的每个学生。

"上山下乡"是我那个时代的知识青年普遍经历的事情。1965年，我考入杨浦高级中学，成为当时为数不多的高中生之一。在1968年即将毕业之际，我被分配到黑龙江生产建设兵团参加劳动，成为北大荒的拓荒者。

那时，开拓北大荒的先锋多是从朝鲜战场回国的老兵，而下乡的青年学生最开始的工作便是给志愿军当助手。当时指导我的师傅，便是一名曾经在战场上开坦克的拖拉机司机。在学开拖拉机、不断拓荒的过程中，所有老兵和青年都不畏困难、全心全意，辛勤劳作而没有丝毫怨言，为祖国的建设付出了自己所有的力量。这样的奉献精神让我深深感受到：为祖国奉献虽辛苦，但幸福！

也正是在北大荒艰苦锻炼的四年中，我逐渐明确了要通过"育人"来奉献祖国的理想目标。作为那时少有的拥有高中学历的人，我被安排了开办学校、教导学生的任务。在物质条件极为匮乏的情况下，我和大家一起砌筑了三栋泥瓦房作为学校的校舍，并且一个人承担了六个年级所有学科的教学任务。在没有足够经费购买书本的困难条件下，我带领学生开荒种豆，用卖黄豆的钱购买课程用书。在我坚持不懈的探寻与积累下，学校不仅建立了一个小小的图书馆，还组建了一个乐队。由于教学效果突出且受到学生好评，我被调到师部教学，并被评为"牡丹江地区优秀教师"。优秀教师的荣誉证书上的几个字就好像一米阳光，让我心中"育人"理想的根苗茁壮成长。

1972年，大学恢复招生，我作为地区先进代表获得了考试资格，并以第一名的成绩考入同济大学建筑学专业。此后，我便再也没有离开过学校。1975年，我加入了中国共产党。毕业后，我在同济大学从事教学及支部的党建工作。在学院工作数十年，我既担任过任课教师，亦负责学生工作，与学生们建立起了深厚的情谊。我不仅见证了冯纪忠、葛如亮等前辈教学的兢兢业业，也亲历了随着国家和社会的发展，我们学院逐渐形成如今的建筑、规划、景观各个一流学科齐头并进的态势的过程。无论岁月如何变迁，我一直牢记"为党育人、为国育才"的使命，为国家发展和民族未来播撒种子、积淀力量。如今，我已经是许多老师的老师，育人之树终于开枝散叶、枝繁叶茂。

高尔基有一句名言："谁爱孩子，孩子就爱谁；只有爱孩子的人，才可以教育学生。"换言之，为人师者首先要"有爱"，要先学会爱自己的学生，才有资格去教育学生，这是对教师提出的最基本要求，也是为人师者要坚守的最基本底线，应该成为广大教师的普遍遵循。

我发自内心地爱着每个学生，也十分珍惜学生的陪伴。不论是黑龙江生产建设兵团的孩子，还是后来在同济遇见的学生，我都牵挂和想念着他们。"育人就要爱人"的想法在我的心中永远流淌着。在生产建设兵团师部教学时，我既接触到许多首长的子弟，也接触到许多普通工人的孩子。我很心疼那些贫寒的学生，便私下带着学生去开荒，或找其他一些能够挣钱的事情去做。所得的报酬一部分用于买书，其余部分则用于为家庭条件不好的学生买鞋，或为他们支付一些刚需费用，尽自己最大的力量为他们提供帮助。我很骄傲我在学生们的心里是一个值得尊重和依恋的人。还记得在我考入同济离开东北的那天，火车站里一半的人皆是为我送别的。希望我的学生们也能够将这份善意继续传递下去。

我希望能够尽自身的力量，使学生知道该如何去坚强地面对人生中的不遂意与挫折，即使置身风雨，也要内心明媚，不自怜、不自卑、不哀怨，一步一步往前走，那份柳暗花明的喜悦也必然会抵达。

桥梁创新，永远在路上

土木工程学院　葛耀君

【导师简介】

葛耀君，土木工程学院教授，现任桥梁结构抗风技术交通运输行业重点实验室主任，兼任中国土木工程学会桥梁及结构工程分会理事长、国际桥梁与结构工程协会（IABSE）主席、国际风工程协会（IAWE）执委等职。

"师者，所以传道受业解惑也。"身为老师，不仅要教授学生专业知识和科学研究方法，还要以身作则，传授学生主动学习的品质、为人处事的道理和"桥梁创新永远在路上，同济人不敢懈怠"的责任感与使命感。

一、结缘

我常常自称来自"桥梁世家"。实际上，我的父亲和我的祖父都不是造桥的。而我的导师和我导师的导师都是国际著名的桥梁工程专家，因此我来自同济大学这个"桥梁世家"。我导师的导师叫李国豪，曾留学德国，获工学博士学位后回到同济大学任教，1952年在同济大学创办了中国第一个桥梁工程专业。1977年他出任同济大学校长，后来又担任名誉校长，当选中国科学院和中国工程院院士，还曾担任过上海市科协主席、上海市政协主席等职。在他的带领下，中国人开始自主设计和建造现代大跨度桥梁。我的导师项海帆，是李国豪教授的第一位研究生，曾经获得德国洪堡奖学金，赴德留学。1987年，项海帆教授在同济大学创办了中国高校中第一个桥梁工程系，并出任首届系主任。他是中国桥梁抗风研究的开拓者，也是中国工程院院士。

我是项海帆教授的第一个硕士研究生，后来又追随他读了博士，理应承担起继续开拓创新、建设桥梁强国的责任。1993年，在完成上海内环线的设计和几个施工控制项目之后，我暗自思忖：要不要继续研究桥梁结构与施工控制？当时，中等以下跨径的桥梁施工控制技术问题已经基本解决，而国内的大跨度桥梁研究远未成熟，未来的发展需求又非常大。考虑到这个研究空白，我就决定将研究方向转向大跨度桥梁，自此也和桥梁结下了"不解之缘"。

二、探索

我们同济大学作为中国"桥梁世家"，对中国桥梁最大的贡献莫过于对中国桥梁自主建设的"持续探索"。这还得从上海桥梁说起。上海最引以为自豪的桥梁是南浦大桥。20世纪80年代，有关诸方曾围绕着南浦大桥由谁来建设这一问题争论了好几年。

1987年8月18日，我的导师项海帆教授提笔，给时任上海市市长江泽民同志写信，吁请自主建设上海南浦大桥。他在信中写道："中国的桥梁工程界完全有能力自己设计和建造像黄浦江大桥这样规模和技术难度的大跨度桥梁""由外国人在国际桥梁会议的讲坛上，演讲有关中国大桥的论文是难以想象的"。这是中国桥梁专家向上海、向全中国发出的中国桥梁自主建设的第一声呐喊！

一个多月后，江市长亲笔在来信上批示："我看主意应该定了，就以中国人为主设计，集思广益，至多请个把美籍华人当当顾问，如林同炎。"确定自主建设后，当年已经75岁高龄的李国豪教授亲自担任专家组组长，没有邀请外国人当顾问。1989年上海南浦大桥正式开工建设，除了钢梁的钢板和拉索的钢丝是进口的，其余部件全都是国产的，体现出我国高度的自主建设能力。

1991年11月19日，上海南浦大桥胜利建成通车，极大地提振了中国桥梁界自主建设的信心。就在那年年底，出生于广东梅县的李国豪教授，得知家乡广东拟邀请英国公司带资施工虎门大桥，写信向时任广东省省长叶选平同志吁请自主建设虎门大桥。同为广东梅县老乡的叶省长，也就是叶剑英元帅的儿子，亲自会见了李国豪教授，并当场承诺由中国公司自主建设。1992年虎门大桥开工建设，自主建设5年后胜利竣工。

三、追赶

最近几年，国内的科研设备已经非常先进，研究生的数量与国外相比也不少。以前我最羡慕的就是国外有很多研究生可以和导师一起搞研究，而现在我觉得国内在这个方面并不差，只是在学术氛围方面与国外还有些差别。

当今是中国历史上最好的一个时期，从总书记到老百姓，从家长到学生，全中国人都重视教育、科研和创新。科研创新再搞不好，我是不太相信的。杨振宁先生曾说："一个地方一定要形成一个传统，如果这个传统能够慢慢与世界前沿科学问题结合的话，研究成果马上就会有爆发性的增长，现在中国就差捅破这层窗户纸了。"我认同这番话，科研创新只是一个时间问题，我们要保持这个势头。研究国际前沿领域学术问题的只是一个小圈子里的人，他们不会也没必要向外宣传。如果没有基础、没有传统，即使别人告知某一问题是前沿，自己也不会意识到，或者根本没有能力去做研究。当传统积累到一定的高度以后，才会自然而然地进入这个圈子里去。

所以，我们现在的核心任务是培养传统、形成氛围。我们现在和国外的差距已经不太大了，比如最近我们的大学和学科排名在世界的各大榜单中都有了大幅度的提升。我想，这是一个很好的开端，我们这代人在追赶的道路上挥洒了汗水，也希望年轻人能够继往开来，有所建树！

四、期待

当今世界，已经建成的 10 座最大的跨度悬索桥、斜拉桥、拱式桥和梁式桥中，中国建造的都占一半以上。在重大工程上，我国已经是一个名副其实的桥梁大国；在创新技术上，我国已经拥有了一批具有自主知识产权的桥梁技术；在专家团队和竞争力方面，我国赢得了国际桥梁界的尊重。

可以说，中国桥梁的数量、规模、建设速度、工程质量和美学追求越来越让人振奋，也不断获得国际同行的高度评价。同济桥梁人的传统，就是"桥型出新，我们要去争；桥梁变长一寸，我们要去争十分"。我们要做的就是不断地推进创新探路的研究，实现知识创新、技术创新，勇敢地面对挑战，激发潜能，超越自我。

从李国豪教授到项海帆教授再到我们这一代，师徒三代的传承，仅仅是同济大学文脉传承的一个缩影。同济人有着更多的"与祖国同行、以科教济世"的业绩，他们用自己的满腔热血与时代并进。在同济的热土上，传承的不仅是知识和文脉，还有一所大学的精神与责任。这就是同济大学版本的"不忘初心、牢记使命"。期待中国桥梁的未来！也期待着同学们在通往中国桥梁未来的道路上大放异彩！

"导"的三个层次

职业技术教育学院　张端鸿

【导师简介】

张端鸿，职业技术教育学院副教授，主要研究方向为教育管理、教育政策。

培养硕士生是一个导师最重要的工作之一。就我个人而言，如果一个学者不带学生，那么他的学术生活其实是不完整的，或者叫"独木难支"。五年前我入职同济大学，便开始指导硕士研究生。这五年来，我几乎每天都和学生们在一起。基于自己和学生相处的经历，我想从导师职责的三个层次出发，来谈谈自己的心得体会。

第一个层次就是导师要负责指导学生完成好学术论文。这是必要的前提，也是最表层的关系。所以经常也有人开玩笑说，导师与学生之间的关系就是"一纸论文"的关系。换言之，学校允许你成为导师，就是以指导学生完成学术论文作为基本前提的。指导学生的论文写作当然是非常重要的，因为这是导师培养硕士研究生的一个重要抓手，必须从学生刚入学时开始抓起。因为对新生来说，学术研究必须夯实基础，必须从调研、学术写作、参加各种学术交流活动做起。即使是以工作为导向来读研，学术训练也是大有必要的。因为学术训练不仅能为学生带来能力上的提高，更重要的是能够增进思维的深度与广度,这是让人受益终生的。

第二个层次则是导师要能够和学生形成科研共同体。尤其是在同济这样一所研究型大学中,导师和学生形成科研共同体是很重要的。导师要有充足的科研任务,这也是学校创立的一个保障机制,确保研究生入学之后可以体验到科研工作,也可以经受科研任务的挑战。导师应该和学生一起真刀真枪地完成这些科研任务,以使学生得到成长,这样才算是尽到了培养学生的责任。因此,学生不应成为为导师处理杂事的"助理"。对于在我课题组工作的学生,我希望他们都可以在完成各类科研任务的过程中得到锻炼和成长,这也是我在培养研究生之前就预设好的一个思路。我始终坚持把我和我的学生视为一个"团队",把我们的学术研究活动看作"团队活动"。按照这个想法,我会对学生提出一些具体的要求。一个要求是增加阅读量。我会设计一个书单,里面罗列了我希望学生能够阅读的书目。读完这些书,学生就能够和我有相似的知识基础。这样,无论是在学术研究还是生活交流中都会增进相互理解。另一个要求则是提高研究能力。在团队中,我和学生各自扮演着相应的角色、承担着相应的责任,作为导师,我非常希望学生能够拥有自主承担科研任务的能力。因此,学生刚入门的时候我就会让他们参与到课题中来。我可以指导他们开展课题研究,为他们创造便利的条件,但课题执行的计划、实际执行以及最后的报告撰写,都需要他们自主地完成。这样的经历对于他们的成长大有裨益。简言之,导师和学生组成"学术团队",让一群有共同梦想的人真正形成合作共赢的共同体,让学生在学术研究中锻炼自己的学术能力,这是我一直以来的培养目标。

第三个层次即为思想与人格上的引导或教育。作为导师,我希望自己的学生能够体验到我之前所经历过的学术历练,就像我会给学生开书单,希望学生能够跟我有相似的知识基础。在课题组运行的过程中,我还会设立一定的处事原则,说得宏观一点就是"权责明晰"。每个人承接一定的科研任务——写报告、写论文等。做得好会有相应的奖励,奖励机制是以成文的形式明确列在课题组的说明中的。如果学生有做得不足的地方，我也会批评，但一定是从解决问题的角度出发，来尝试着跟学生进行沟通。所以整个课题组一直是在一个良性的规则之下运行的。这也是我想要传递给学生的一个观念——规则意识至关重要，按规则办事，对事不对人。大家的工作都是在公开的、成文的、制度化的原则下开展的。除了规则意识外，还有教师对学生为人处世价值观的培养。我希望能够把我的为人原则、我的日常关切——比如家庭、学术等，在交流的过程中尽量传递给学生，比如，对国家教育政策的关注、对一些高等教育时事的评价等。在日常科研中，我会劝勉学生积极关注时政，不遗余力地关切政策走向，并适时进行一些前瞻性的分析，后续做跟踪性的解读等，实际上也是希望把这样一种精神传递给学生。整体来看，我们的研究并不是自娱自乐或闭门造车，而是基于一种人文关怀的。所以我认为导师跟学生的交往，也需要有精神力量的传递。

目前，工作导向和学术导向的研究生都是存在的。但我们这个专业培养的是科学学位的研究生，所以导师自然是希望学生以学术为主业。因此，我跟我的学生还会有一种"信息"或者"价值"的传递——意图说明我们构建的是一个学术型的团队。不可否认，学术和实践的关系问题在研究生阶段尤为重要，但我并不建议学生研一就出去兼职。不实习不代表我们不重视实践，我始终认为即便是以学术为导向，实践的锻炼也绝不可少。处理好学术和实践的关系，合理分配好个人的时间和精力，这是每一个学术研究者都不可绕过的课题。通过实践，让学生在工作过程中寻找和调整研究方向，对理论内容进行实践验证，把"知行合一"作为学术研究的准则和理想。这样既能够在实践中上手更快，更可以让学术训练后劲更足。在"学术团队"理念的影响下，团队和学生之间会产生一种双向的良性互动。团队期待学生能够有所成长，承担科研任务；学生也希望团队能够给自己带来机遇，与团队共同成长。

何谓团队？一个人走得快，一群人走得远，就是对于团队的完美解释。

好的团队在一起是加法，每个人都能对自己的部分负责；更好的团队在一起是乘法，不仅能展示彼此，还能互相激发。一个良好的研究生团队应该做到风雨同舟、荣辱与共、分工明确、有效合作并相互监督，怀着共同的愿景，找到自己的锚点，坚定不移地行动，在学术的视域中观照世界。

追求、品格和锤炼：给文科专业研究生的三点建议

外国语学院　黄立鹤

【导师简介】

黄立鹤，外国语学院副教授，德国洪堡学者，主要从事老龄化与老年语言学研究。

怎样成为一名优秀的文科专业研究生？前辈们早已对此有了诸多精彩的见解与论述。作为一名从同济大学成长起来的文科青年学者，我想从自己的成长经历出发，与大家分享以下三个方面的感悟。

一、格局与视野的追求

"不识庐山真面目，只缘身在此山中。"文科专业的研究生必须要拓展自己的格局和视野。我所在的课题组，主要从事老年人语言衰老的研究。我们从"语言"的视角来研究个体衰老，以服务老龄化社会。这样，我们把以往别人认为抽象、微观和基础的语言学研究，与中国的老龄化问题对接起来，一下就打开了思路，使得相关研究能够直接服务于中国老龄事业，产生了很大的社会价值。研究生们一致认为，我们课题组最鲜明的特色之一便是突破学科壁垒，积极与其他专业相结合，进行复合交叉型的研究。虽然是文科类专业，但我们的学习与研究不仅仅是坐在图书馆里翻看理论

书籍、参考资料和数据来源,也不仅仅是每天"徜徉"在漫漫无垠的文献数据库之中。而是课题组的成员根据研究需要,去附属医院、高龄社区、养老机构等场所采集数据,并且还要学习老年学、心理学、社会学及医学等方面的知识,学习脑电采集、数据处理及认知评估量表的使用。这也是我常常告诉学生的——无论是老师还是学生都需要跳出舒适圈。直面挑战、勇于改变,很多恐惧和困难也将会迎刃而解。

当然,文科专业的学习和研究也要结合社会发展、力求经世致用,这并不是说要弱化基础研究。相反,基础研究、冷门绝学也相当重要。尤其是对于中国这样一个超级大国来说,应该有更多的学者和研究人员来承担世界一切知识的研究与传承。

我们知道,《青年杂志》的创办开启了新文化运动,那时以陈独秀、李大钊等为代表的先进知识分子都不过二三十岁。正因为他们拓展了视野、突破了原有的格局,才指引了时代前进的步伐。可见,没有胸怀天下的格局和视野,是不可能把事情真正提升到高层次的。很多情况下,如果你对你所研究的对象没有兴趣,是因为你的视野没有打开,思维局限在眼前,无法把有趣的事物联系在一起。在不断提升自己的格局和视野后,你就会发现自己的研究兴趣拓展和提高了。

二、创业与坚毅的品格

习近平总书记说,"中华民族伟大复兴,绝不是轻轻松松、敲锣打鼓就能实现的"。任何事业想要成功,必须付出艰苦的代价,需要久久为功的坚毅精神。文科专业强调积累与资历,因而学习研究要想有收获,更应如此。

我一直和研究生们说,要实现学术成长,首先要实现个人成长,而个人成长最重要的方面是勇于开拓、学会坚持。现在的高校十分重视创业教育,我想指出的是:创业教育对于绝大多数学生而言,并不是说要学会开公司、做项目,而是要学会在今后的学习工作中始终秉持创业精神!"创业精神"的内涵可以有很多,但其中最核心、最关键的应该是坚守初心使命的品格，在艰难困苦和纷繁复杂的环境中把握方向、排除万难、敢为人先、勇于开拓的精神。这是文科专业的研究生在3~4年的学习过程中必须形成的基本品格。这个品格在今后的任何岗位上都十分重要。如今，无论是文献检索、数据采集还是学术交流，研究生都有着比前辈更为优越、更加便利的条件。文科研究生不用像理、工、农、医等专业的研究生一样每天进入实验室、课题组，学业课程也相对轻松。可惜的是，有些同学却因此养成了自由散漫的生活状态。"吾日三省吾身"，希望同学们每天都进行自我灵魂拷问：是否坚持阅读写作、田野调查或处理数据等学习和工作？是否已经尽全力过完这一天，不留遗憾？拥有不断坚持、顽强坚毅的品格才是面对今后挑战的利器。

三、思维与方法的锤炼

无论从事什么工作，思维和方法都最为重要。这一点也是助推自我不断成长的根本之一。我的工作岗位和经历比较丰富，既做过共青团和学生工作，也做教学管理及党务工作，还一直承担教学和科研任务。不止一位资深教授或老领导曾对我说，教学、管理和科研是可以互相促进的。我自己的体会是，这句话主要是从思维、方法的层面说的。一种思维方式或操作方法，可以让很多看似无关的事情相互"链接"。通过做具体的事情学会不同的思维和方法，能够在其他事情上帮助你实现进步。

文科学生应该善于把所学习研究的内容和方法抽象出来，形成具有相对普遍指导意义的思维和思路——很多研究生导师都会将这一点告诉自己的学生。我想强调的是，在拓展思维、提升方法的路径上，文科专业研究生要了解一些理工科的工程思维和科学方法论，切不可以学科边界和专业壁垒为借口，对超越舒适区的知识视而不见。对于自己指导的学生，我会要求他们适当看一些科学哲学、工程思维方面的书籍。事实证明，文科学生了解一些理工方法（至少是思维方法），将会受益无穷。另外，文科专业研究生还应该努力把自己的思维提升到哲学思辨的高度。

我相信，任何一名研究生如果重视上述三个方面并坚持下去，一定会逐步具备广阔的视野、敏锐的洞察力、清晰的逻辑和深刻的思想。无论将来你是否专门从事学术研究，这些特质都会是使你从优秀走向卓越的"助推器"。

研究生的"3+1"学习法

中德学院 沈 斌

【导师简介】

沈斌,中德学院教授,主要教学和科研领域是制造系统与自动化、网络化与数字化制造工程、工业4.0与智能制造。

从本科阶段到研究生阶段,无论是学习还是生活,每个同学都要经历一个巨大的转变过程。来到同济大学,必须按照"一流大学"的培养目标,使自己获得更优秀的学术能力和技能水平、拥有更开阔的国际视野。那么"一流大学"应当培养什么样的人才?如何才能真正在"一流大学"培养模式下成长成才?我想针对这些问题,提出我的一点看法,希望能对大家有所帮助。

一、"三勤"

对于入门的研究生来说,我最希望大家学会三个"勤",这既是培养人才的目标,又是培养人才的方法。

"三勤"的第一勤是"勤思"。这就是说研究生一定要学会"独立思考"。在日常的学习中，大家要善于提出问题、发现问题、不耻下问。而在科研上，对于老师分配的研究课题，要多问几个"为什么"，并思考多种解决方案，特别是要学会采用多种方法和工具，通过多种途径，获取技术资料和知识。同时，通过自己动手、多做实验，不断实践、纠偏校正，以便优化实验结果，正所谓"业精于勤，荒于嬉；行成于思，毁于随"。当然，同学们也要善于学习前人的经验教训，善于归纳总结，并将其上升为理论知识和应用方法。希望同学们在当下这个网络信息快速传播的时代，能够透过信息表层捕捉深度创新的灵感火花。"创新思维"就是要求同学们不被框架所束缚，要提出自己的学术观点，并加以论证，这样日后在学术上也定可立"一家之说"。

第二勤是"勤奋"。俗话说"一分耕耘，一分收获"。任何成果的取得，必须要付出辛勤的劳动。明代的宋濂，"天大寒，砚冰坚，手指不可屈伸，弗之怠"，体现的就是这个道理。在研究生生涯中，大家虽然有极其繁重的学习和科研工作，但是各方面的条件要比古代好很多。因此，我建议同学们在校期间，要舍得放弃"悠闲时间"，将主要精力和大量时间投入学习和科研工作中，专心致志，耐得住寂寞、坐得住冷板凳，抵得住各种消遣的诱惑。"一勤天下无难事"，积小胜方可为大胜，积跬步方能至千里。

最后一个勤是"勤俭"。古人云："俭，德之共也；侈，恶之大也。"勤俭节约是中国人的一种传统美德，是中华民族的优良传统。大家现在是"消费者"，有些同学也会有比较可观的奖学金，但生活上难免还是需要父母或亲戚资助。特别是一些博士生，还要承担"养家糊口"的重任。所以，无论来自富裕的家庭还是贫穷的家庭，在校期间都要做到勤俭节约，不摆阔气、讲排场，以俭为荣，以俭修身。正所谓"俭以养德"，希望同学们能够久久持之，以正己身，通过培养"勤俭"这一品德，带动自己去涵养更多的品德，树立远大的理想，做一个对社会有益的人。

二、"一合作"

"一合作"指的是同学们除了要关注自身的提升外,还要和其他同学搞好配合,学会互相学习、协同工作。现在很多同学都在同一个学习和科研团队里,都是"兄弟姐妹",都是我的"子女"。作为一名导师,我"一视同仁",因为"能用众力,则无敌于天下矣;能用众智,则无畏于圣人矣"。我希望团队成员在学习上要互相交流,生活上要互相帮助,科研上要相互协同,要学会相互分享各类经验和教训。坚固的团队意识可以凝聚集体智慧,形成强大合力,实现互利共赢,希望同学们都能找到志同道合的伙伴,结伴同行。

总而言之,在研究生阶段,有很多做人做事的道理需要慢慢去体悟和学习,希望"三勤"和"一合作"的学习方法可以对同学们有所帮助,也希望同学们在"一流大学"中塑造一流品格、锻造一流才能、成长为一流人才,在时间有限的研究生阶段获得无限的成长,为将来步入社会打下坚实的基础。

学贵得师，亦贵得友

交通运输工程学院　肖飞鹏

【导师简介】

肖飞鹏，交通运输工程学院教授，担任多个国际著名工程材料SCI期刊的领域主编、特邀主编、副主编和执行编委，兼任多个国际学术组织和国际会议的委员。

　　导师是研究生培养的第一责任人，更是研究生成长路上重要的引导者、陪伴者和服务者。自2014年入职同济大学以来，我便开始担任研究生导师。导师、学生之间的"教学相长"承载于课堂、实验室、课题组；绵延于一次次的授讲、指导与陪伴之中。它是师与生的遇见，是教与学的链接。"师者，所以传道受业解惑也。"导师不仅可以带给学生知识的力量，更可以从精神层面对莘莘学子进行人生的引导和生活的启迪。

　　其实，我最初并没有选择将"大学老师"作为自己的职业。年轻时，我的性格相对有些"急"。大学毕业后，我就在深圳找到了一个相对体面的工作，衣食无忧。然而，在设计单位工作近五年的经历，使我对日复一日重复性的工作愈发感觉到厌倦。自那时起，我便想从已有的环境中脱离出来，去尝试做一些与以往不一样的、更加具有挑战性的事情，趁年轻去体验不一样的人生，正所谓"世之奇伟、瑰怪，非常之观，常在于险远"。实际上，工作四年多以后再出国读书，从安逸的生活中抽离出来，踏上一条未知的道路，这的确是一件极为冒险的事——特别是要考托福、GRE，还要学习一些深奥的专业知识。这个经历在一定程度上磨平了我的急性子，也为后来选择教师这份职业打下了基础。

在国外读书的几年，我也真正体会到了学习和科研的困难，有时甚至根本不知道自己是否能够毕业、什么时候能够毕业。在美国，博士有另外一层含义——博士的英文缩写（Ph.D.）被大家笑称为"永久性脑损伤"（Permanent Head Damage），可见其难度。同时，每个读博士的学生都会面临诸多不确定因素，这些因素甚至可以决定其是否能够顺利毕业。我自己遇到的问题在于我所在的实验室处于初创期，绝大多数设备都是由我初次使用。因此，我甚至包揽了各类设备的安装调试、保养、维修工作。为尽快获取相关数据，加班测试到凌晨三点钟也就成了家常便饭。每每经历这些，我又会想到"尽吾志也而不能至者，可以无悔矣"，也就继续坚持了下来。不过，辛劳也时常伴随美好的事物。比如，凌晨从实验室回宿舍时常常会遇到正悠闲自在地散步的野生梅花鹿。这给我按部就班、忙碌工作的博士学习生涯增添了一抹亮色。

现在回想起来，如果再让我选择一次，我还是会选择这样一条追求自我能力提升和价值实现的道路。从这个角度出发，我常常建议我的学生要勇于设立更高的目标，告诉他们"而人之所罕至焉，故非有志者不能至也"的道理。研究生走上科研之路，就必须做好"欲戴皇冠，必承其重"的觉悟，需要在艰辛旅程中耐得住寂寞，而不能仅靠导师施加的压力，在驱使中前进。作为导师，我要教会他们的品格是充分发挥主观能动性，并不断突破自我，不妄自菲薄，不安于现状地平庸度过一生。

正所谓"人非生而知之者"。个人的成长成才，离不开教师的传道受业、悉心指导和无私付出。我求学时遇到了许多杰出的老师，他们的优秀品质深刻地影响了我的个人发展——特别是当我把教师作为自己的职业方向的时候。其中，对我影响最大的还是我博士阶段导师——Serji Amirkhanian教授，他是我追求学术认可和享受生活情趣的"引路人"。

Serji 教授平易近人，他与学生几乎完全平等的师生关系对我的影响很深。Serji 教授认为，作为导师，充分听取学生的意见是极为重要的。这首先要求导师能够承认自己的知识盲区和看待问题的角度限制，实际上世间大部分事情存在对立面，面对同一个问题，由于信息不对称，导师看到和理解的与学生看到和理解的可能不同。除此之外，Serji 教授无私奉献的宝贵品质同样深深感动了我。曾经系里有位 80 多岁的老教授不慎跌倒摔断了腿，Serji 教授作为相邻办公室的同事，主动承担起和老教授的家人一起照顾他的重任。从那时至今，近十年的时光里，Serji 教授不管身处何处，也不论工作是否繁忙，他一直将老教授当作自己最亲的人一样关怀备至，这也使我学会了更加无私地去对待身边的人。

受到 Serji 教授的影响，我和学生在日常的学术科研活动中都致力于营造一种积极平等的师生交往氛围。我认为导师和学生双方都应该拥有平和的心态以及平等交往的姿态。导师进入某一科研领域相对较早，知识的积累也要多些，人生的经历和经验比学生也更丰富，因而在专业领域和人生阅历上有较强的话语权。而在信息发达的新时代，学生的学习能力很强，接受新兴事物的速度也很快，学生掌握的部分信息可能涉及导师的知识盲区。正如孔子所说，"三人行，必有我师焉"。对于学术问题的探讨，我主张与学生处于一个比较平等的位置，这样能够有针对性地去解答学生的疑惑和难题。

为师者，不仅要教学生学问与知识、引导学生思考为人处世的道理，也应与学生共渡学海、相伴而行。让学生在收获老师指点的同时收获一份珍贵的师生情谊，这也正是师者追求的理想目标与崇高境界。

育人和学术的三个"秘诀"

汽车学院　李理光

【导师简介】

李理光，汽车学院教授，中国大学生方程式大赛的主要发起人和创建人之一。

我从事内燃机行业的教学和科研工作已近 30 年，授课 10 余门，指导硕士和博士研究生近 80 人。我投身于内燃机行业，主要是出于自身的兴趣爱好。年轻时我对机械知识兴趣盎然，摩托车发生故障时我也会上手修车。我求学时正处于中国汽车工业的腾飞起步期，内燃机作为汽车的心脏，是汽车工业的核心技术，我便义无反顾地投入中国内燃机事业中。中国汽车工业的起步落后于发达国家，国内内燃机人才更为紧缺，要想发展中国内燃机事业，需要有更多的人投身其中。因此我选择了从事教育事业。

一、眼界看得深远

没有激流就称不上勇进，没有山峰则谈不上攀登。理想犹如天上的星星，我们犹如水手，虽不能到达天上，但是我们的航程可凭星星指引。仰望星空，追求卓越，是我想告诉同学们的第一个秘诀。在科研中，我和学生、团队一直着眼于国际先进技术，探索前沿科学理念，聚焦重大现实问题，以便让我们的研究能够尽快服务社会，体现出真正的价值。基于国家自然科学基金、"863"计划混合动力轿车开发等项目，我们在点燃式发动机起动的燃烧与排放特性及其控制方面，建立了具有国际先进瞬态排放设备支持的发动机台架和系统，在国内率先提出了基于循环控制的发动机现代控制策略。围绕冷起动过程的瞬态燃烧与排放特性，我们发现并提出了以首循环着火为目标的、可以降低排放的控制方法。2006年，我们的国家自然科学基金项目经同行评议，获得了A+的优秀评价。而最让我骄傲的是，这将为我国新一代超低排放和接近零排放的汽车开发以及混合动力发动机的起动与排放控制等方面，提供必要的理论支撑和方法支持，为国家节能减排和可持续发展贡献力量。

二、身子俯得下来

"物有甘苦，尝之者识；道有夷险，履之者知。"全部社会生活在本质上是实践的。理论只有源于实践、作用于实践，才会具有强大的生命力。"实践出真知，磨练长才干"，这是我对自己和学生做学问的要求，也是我想告诉同学们的第二个秘诀。目前，新能源汽车的发展如火如荼，社会上对于内燃机行业成为"夕阳产业"的报道甚嚣尘上，这对内燃机行业造成了一定的冲击。网上甚至存在一些不负责任的文章，直接误导了年轻学者，降低了其工作热情，也影响了我们的工作。作为一名内燃机领域的科研工作者，我常常在想，应该通过什么样的努力，消除公众的误解，尤其是让新步入这个领域的年轻学者不受外界干扰。思前想后，我认为最好的方法就是通过深入研究，真正入了门才会感受到内燃机行业的发展潜力。我带领我的团队，深入研究混合动力汽车发动机的燃烧与排放特性。针对混合动力汽车频繁启停的特点，着重研究该过程对发动机燃烧与排放特性的影响，特别是起动过程拖动转速对燃烧与排放特性的影响以及与三效催化器的匹配关系，并获得了阶段性成果，对新一代混合动力发动机的设计，有重要的指导意义。通过自己的努力取得实实在在的实践成果后，相信同学们能够进一步客观地认识内燃机行业，也能更加深入地理解内燃机发展对节能减排的贡献。

三、兴趣方得未来

我在出访美国时，观摩了美国举办的大学生方程式汽车大赛，获益匪浅。美国的教授们用学生们最爱的赛车激发他们的兴趣，让他们参与车辆的设计和制造。我接触到的不仅有先进的教学理念，更有为广大学生搭建的平台，这样的过程不仅能使学生积累经验，还可以让学生们在以后的工作中少走弯路。我想，学生通过这些锻炼所获得的，比坐在课堂里学到的要多得多。

回国后，我积极推动理论和实践相结合的教学模式，大力推进大学生方程式赛事在中国的开展。我在同济大学组建了国内最早的大学生方程式车队之一的翼驰车队，并担任总指导老师。我时常和学生讨论造赛车的话题，一方面引导学生们思考，激发他们的兴趣，另一方面也能感受当代青年人的观念和创造力。正如李大钊先生所讲，"吾辈学生，于国民中尤当负重大之责任……研究物质上之学术者，宜时摅其湛深之思考，施其精巧之应用。谋我国军事工艺器械之发达，诚以精神具万能之势力。苟克持之以诚毅，将有伟大之功能事业。"我们畅所欲言，亦师亦友；我们一起经历艰辛，也一同分享比赛胜利的喜悦。看着这支当初由十几人组成的车队，现今已壮大到近百人；从一个新生的团体，成长到斩获国内冠军和国际赛事众多单项第一时，我甚是喜悦和欣慰。我想车队成员们不仅仅是同济大学的骄傲，也将成为未来中国汽车工业领域的栋梁。兴趣方得未来，这是我想告诉同学们的第三个秘诀。

习近平总书记说："青年志存高远，就能激发奋进潜力，青春岁月就不会像无舵之舟漂泊不定。"回首工作三十余年中的点点滴滴,我想育人和做学术都是如此——眼界看得深远,身子俯得下来,兴趣方得未来。这既是我坚守的原则,也是我对学生的期盼。

"好学生"与"好老师"

航空航天与力学学院　戴　瑛

【导师简介】

戴瑛，航空航天与力学学院教授，主要研究方向为复合材料结构设计、分析和测试技术，发动机部件的结构性能、损伤、疲劳寿命预测与可靠性分析，压电驻极体材料绿色微能量采集、柔性可穿戴触感传感等器件设计、分析和优化。

习近平总书记说："教师要成为大先生，做学生为学、为事、为人的示范，促进学生成长为全面发展的人。"从教十余载，我对于"培养什么样的学生""怎么样培养学生"有心得一二，愿与各位分享。

凡是教师，皆想培养出"好学生"。所谓"好学生"，我认为既是对学生的期待，也是一种自我勉励。"好学生"首先体现在"好学"上。古有孙敬悬梁，苏秦刺股，匡衡凿壁偷光，车胤、孙康囊萤映雪的好学佳话。今天的大学生们怎样算好学？首先是要喜欢读书和文献。书和文献都是前人知识的结晶，可以帮助你站在巨人的肩膀上，以更高的视野观察问题。好学生要广泛地阅读文献——既包括经典权威的文献，也包括最新的研究成果。阅读经典权威文献可以帮我们打好研究的基础，这些文献中的理论经常会出现在一些新的论文的推导、引用过程中，提前了解和学习理论，可以帮助我们更好、更快地阅读新的文献。我经常说："看到书，要像狼见了猎物一样，眼里要放光。"

好学生的"好"还体现在"好问"上。所谓"学问"，除了"学"——自己读书思考之外，还需要不断地"问"。伽利略好学善问，敢于质疑比罗教授关于胚胎学的观点，追求真理。正因为这样，他才最终成为一代科学巨匠。每个人在读书的过程中，都会遇到困惑和疑难，而个人能力就体现在能不能提出好问题上。所以，一个学生是不是"好学生"，往往可以从他能不能经常提问看出来。如果学生提出的问题还是一个"大问题"，甚至大到老师一时都解决不了，这才是老师所期待的"大哉问"。这也是我们常说的"问题意识"，没有"问题意识"的人，即使他刻苦读书、皓首穷经，也不适合做学问。

好学生还应是个"好辩"的学生。前段时间，看到网上有人用唐僧师徒来谈人际关系。其中有段文字是说为什么唐僧喜欢二师兄，就是因为二师兄会"来事"、会撒娇、会哄师父开心，所以即使大师兄杀妖除魔，厥功至伟，也不会得到师父的衷心喜欢——这当然是庸俗关系学。尽管很实用，却不合乎道。能说会道、耳聪目明是人际关系学的第一要义。但其实，"好辩"是眼里揉不得沙子，是耿直的品格，究其目的在于辨别是非对错。亚里士多德说："吾爱吾师，吾更爱真理。"我经常和我的导师将讨论变为争辩，但并不意味自己掌握着真理，而是在长者、前辈、权威面前，要敢于表达自己的想法，而不是巧言令色、阿谀奉承，明明知道老师错了，还在继续吹捧。人都有弱点，这个弱点就是喜欢被交口称赞，但好学生不应该对老师"佞"，而应该"真""直"，帮助老师发现自己的不足和错误，知过必改，从善如流。

最后，"好学生"更应做"好人"。前三个"好"是动词，这个"好"是形容词。"修身、齐家、治国、平天下"，良好的道德修养是成才之基石。

人品比学历更重要，比能力更难得，我希望我的学生是德才兼备的人。当然"好"是可以培养的，有志者事竟成，即使专业不对口、基础不扎实，都不足畏惧。正所谓"教学相长"，导师也在与学生的相处过程中，不断督促自己读书、思考、修业、进德。做大学老师是幸福的，因为有可以进行思想、学术交流的人，希望我的学生有类似的感受。

凡是"好学生"，离不开"好老师"的培养。作为老师，自当担负起一个"好老师"的责任，在锤炼自我的过程中成就学生。我认为，导师在学生的生活和学习中扮演的角色是不尽相同的。

"好老师"首先应该去扮演"帮助者"的角色。大学阶段是学生离家后开始自我独立的过程。在生活中，难免会遇到各种各样的问题。特别是独在异乡的孤独感，会让很多人感到无助。这时导师应从"帮助者"的角色出发，切实为同学们解决困难、排除无助感。在学生经过多年勤学，最终准备离开"象牙塔"走向社会的过程中，导师又要帮助他们学会慢慢适应。特别是从"学生"向"社会工作者"转变的过程中，导师要更多地关注学生在转变过程中的适应问题，正所谓"扶上马送一程"。对于一个"好老师"而言，要利用自己的人生阅历帮助学生更好地走他们的路，去成为他们的伙伴、朋友，甚至精神层面的老师。

而在学习上，"好老师"则更多地扮演着"引导者"的角色。刚入学的研究生是科研上的"小白"，对于他们来说，无论是科研课题的选择、科研方法的学习以及科研能力的培养，都离不开导师的引导。是否得到扎实的学术训练，对于研究生未来的科研道路能否走得顺利至关重要，甚至会决定将来科研水平的深度和广度。对于正处于科研路上的学生，导师要给出一些发表论文的建议、新的科研方向选择的建议、解决现有问题的方法的建议。而对于即将毕业的研究生而言，很多人都会有是继续科研生涯还是选择就业的"纠结"。在这种关键的人生分岔路口，导师需要做好引导，要根据不同学生的不同能力、不同性格因材施教，让他们学会选择最适合自己的人生道路。

教学相长，静待花开。在我的有生之年，做一个真诚的人，在有限的时空里，过无限广大的日子，为培养更多的"好学生"不懈努力。愿以此文予卿之慰藉，此吾至盼。

学术，是无止境的挑战

上海国际知识产权学院　谢　焱

【导师简介】

谢焱，上海国际知识产权学院副教授，研究方向为比较刑法和德国刑法。

在成为一名教师之前，我也曾经历过和广大同学一样的寒窗苦读，感受过类似的困难和挫折，不同的或许是我们从中总结出的经验和感悟有异。有幸能在这里与大家分享我个人的心得，希望能对大家有所裨益。

一、享受孤独，突破现状

基于个人爱好，我最初选择了刑法作为自己的研究领域。因为相比于专注思考哲学问题的公法，刑法会使我更多地思考公权力和私人权利的平衡问题，这也正是我兴趣所在。但是随着日后研究的深入，我发现其实每一个部门法都有自己的有趣之处。不同的部门法之间，既有各自独立的理论，也有相通之处，这也成为我选择从事知识产权与刑法交叉学科研究的契机。在国内完成硕士阶段的学习后，我前往德国慕尼黑大学深造。凡事都具有两面性，留学也是一样。当你有所付出时，你也会有相应的收获。与在中国相比，在德国的生活非常单一。每天都在重复类似的起居与研究，再加上身处异国他乡，我时常会在强烈的孤独感里迷失方向。但渐渐地，孤独感成了我生活的一部分。这样一份安静的自处，反而为我营造了得天独厚的学术环境，能让我更冷静地自我对话、自我思考。很多人也许觉得德国人思考问题非常死板、不懂变通，而我却慢慢适应并喜欢上了这样一种纯粹的处事风格。它能让人心无旁骛、毫无顾虑地专注于自己想做的事。我也常和我的学生交流，希望大家能保持内心的安宁，唯有这样，才能做自己世界的主角。在德国的几年历练，也让我得以成长与蜕变——凝练的思考给予了我潜心研究的冷静头脑，独处的积淀给予了我直面难题的胆识与气度。最为重要的是，学术研究提高了我的综合能力，为我带来了突破现状的勇气。

二、日常生活，皆是学问

或许很多学生会认为，学术研究的过程十分枯燥，或者觉得学术研究对未来的生活可能并没有太大帮助。诚然，做学术的过程确实枯燥，但枯燥绝不是学术的全部。当你经受住了学术研究的考验后，你甚至会发现，它给你带来的影响远比你想象中的要多得多。至今，在日常生活中，我都能切实感受到学术研究给我带来的帮助。举一个最普通的例子，家中装修时购买了一种特殊的净水器，但是我发现储水器设有用于取水期间供空气流通的排气口，可能导致取水的同时带进外界的细菌、颗粒和其他污染物。因此，我选择检索相关资料文献，尝试着自己去解决，包括在排气口设置过滤器、改变排气口和管道的位置以减少污染等。这看起来只是生活中一件很普通的事，但其中也蕴含了很多专业性知识。实际上，这就是我常常和学生们讨论的一个"发现问题—分析问题—解决问题"的过程。它和做学术研究是十分类似的：我们需要做充分的事前调查以了解相关知识、寻找解决方案并逐一分析其利弊和可行性，最后做出合适的选择。这些，都是我们在研究过程中经过长期锻炼才能形成的素养。

三、主动学习，涵养能力

对于本科生和研究生的学习，我想给出的建议是：首先，本科阶段与研究生阶段有所不同。本科阶段是通过读书储备知识的最佳时期，本科生应当尽可能多地学习专业知识并广泛阅读相关书籍。而研究生阶段的要求则更高，做研究是发现问题和解决问题的过程。研究生阶段要主动学习，而不是被动地接受知识、接受老师的灌输。许多学生都苦于论文写作，但换一个角度思考，论文写作的过程对于锻炼逻辑思维和提升分析问题、解决问题能力都有极大裨益。因此，当你独立完成一篇论文时，心中油然而生的成就感，不仅源于结果上的成功，更源于你真正地从中学到了属于自己的东西并且切实地解决了一个问题。研究与思考的过程，其实是"痛并快乐着"的。困难对于每个人而言都是存在的，区别便在于每个人面对困难的态度。建议研究生同学们平日可以更多地去主动询问老师有什么课题可以参与，或者自主地关注近期的学术活动并积极参加。我相信这对于自身能力的提高一定会有所帮助。

不论未来的选择如何，我希望同学们都能够珍惜现在的学习时光，珍惜有苦有甜但专属于自己的青春记忆。凡心所向，素履可往。若干年后，当你回忆起这段求学经历时，依然能够充满自豪、无愧于心。

成长是一种坚持

人文学院　解学芳

【导师简介】

解学芳，人文学院教授，国家社科基金重大项目首席专家。曾获上海市"曙光学者"、上海市"浦江人才"称号。

2009年，我从上海交通大学博士毕业，进入同济大学人文学院工作。2012年，我晋升为副教授，2018年晋升为教授，2020年晋升为长聘特聘教授。一路走来，我已在同济大学工作了13年。基于个人的成长经历，我想在这里和大家分享四点求学、工作方面的心得体会。

一、知己

人生需要树立自我发展的目标，让自己持续保持积极的状态。人唯有确定了目标，才会踏踏实实地去努力。以我个人经历为例，2012年年底晋升为副教授之后，我便确立了出国访学的目标。这让我在2014年有半年时间在上海外国语大学留学部进行英语学习，同时申请美国学校，并于2015—

2016年如愿实现了在美国杜克大学访学一年的阶段性目标。在2018年年底晋升为教授后，我又给自己定下了五年内申请到国家级重大课题的目标。为了早日实现目标，我一直积极准备每次的申报。2019年的第一次申请很遗憾地失败了。2020年再次申报时终于成功，入选成为重大课题首席专家，从而提前三年完成阶段性目标。我想告诉大家的是，我没有一开始就给自己设定宏大的目标，而是一步一个脚印、踏踏实实地往前走，而一个个小目标的设定让自己保持了平稳而持续积极向上的心态，从而让大目标水到渠成。我们经常会听到一句话，奋斗是"每一天很难，可一年比一年容易"，不奋斗"每天都很容易，但一年比一年难"。保持持续奋斗的状态是需要恒心与毅力的。当有目标作为精神支柱时，努力才会变成生活的常态，成为让自己变得越来越自信的支撑。

二、悦己

大学生每个阶段遇到的烦恼与问题是不同的，要全力做好每个阶段应该做的事情。我经常会听到一些学生说"自己的专业是父母帮忙选的，不喜欢，所以不想学"。进入大学阶段后，绝大多数同学已是成年人，要对自己的选择负责，是自己选择的专业就要热爱并尝试去证明自己。大学阶段就是一个不断试错和学会成长的阶段，要学会自己做出选择，并且能为自己所做的选择全力以赴，这才是真正的成长。学习与成长是大学生在本科阶段最应该做也最应该做好的事情。对于本科生来说，在大一至大四需要踏踏实实做好每个阶段应做的事情：大一要做好"迎新"——适应新环境与打基础；大二要做好"双循环"——同步提升专业能力与综合能力；大三要做好"规划"——考研或出国深造或就业，并付诸实施；大四要完美"收官"。做好每个阶段应该做的事情，就是一种沉淀与积累，就是最好的收获，也是实现成长蜕变的必经之路。

三、涵己

"腹有诗书气自华"，要学会成为一个有内涵、懂细节、会创新的人。"有内涵"是指要学会"做人"，学会与人为善，学会情绪控制，学会自尊与尊重他人。"懂细节"是指要学会"做事"。不管是做课堂作业、课程报告，撰写毕业论文，还是在实习、工作中，都要提醒自己关注细节，成为"干才"与"专才"。做好细节既是尊重自己也是尊重他人。每一个细节都是考验我们是否会"做事"的表现，"重视细节"的习惯需要大家慢慢养成。"会创新"是指要培养创新思维，成为未来的"帅才"与"将才"。我在课堂上经常会提出若干问题让学生参与讨论，希望激发他们的创新性思考，将观点完美呈现出来。很多同学非常活跃，但也有同学很少参与。实际上，积极参与也是一种成长，而且这种成长会慢慢融入你生活的日常，从而潜移默化地影响未来。所以，当把"积极参与"作为学习的常态时，个人的蜕变也会慢慢呈现出来。在去年作为驻楼导师时，有很多同学问我"如何成为想要成为的人"。我当时的答案是"先确定好目标，然后开始改变自己"——改变从做人、做事的观念开始，改变从自身、从小事做起，改变从现在开始！

四、达己

随着各种新技术的出现，我们需要构建持续获得新知识的学习模式。大学阶段最重要的并不是学到了多少知识本身，而是习得持续学习新知识的能力并形成自己的思维体系——拥有扎实的专业基础知识、广泛的通识体系、创新思维，熟练应用工具。具体来说，要遵循"四化"原则应对"四变"：一是遵循"学习化"，主动"求变"，保持知识的更新求新；二是遵循"技术化"，超前"识变"，学习使用新技术工具实现知识获取；三是遵循"个性化"，积极"应变"，挖掘与培育自身的亮点与创新思维；四是遵循"交叉化"，时时"适变"，探索学科交叉融合并做出特色。特别是

"新工科""新医科""新农科""新文科"时代已经开启，传统的知识学习模式与学习方法均会遭遇挑战，要学会在交叉、跨界、融合、创新中寻找新的成长空间，主动学习适应新一轮科技革命和产业变革趋势，服务于乡村振兴、生态文明、文化强国建设等新要求是未来发展的大势。

现今处于大变革时代，不管是在学习阶段还是走出校门踏上工作岗位，同学们势必会面临各种各样的问题与困难。但只要目标坚定、脚踏实地、坚持不懈、保持学习的状态，就能不断得到锤炼，从而实现真正的自我发展——成长道路上的真正对手从来都是你自己，而非他人！

凡大成者，必是绝顶聪明且肯作笨功夫的人

经济与管理学院　钟宁桦

【导师简介】

钟宁桦，经济与管理学院教授，曾获中国经济学领域最高奖——孙冶方经济科学奖，上海市青年五四奖章、"上海市教卫工作党委系统优秀共产党员"称号。2019年起作为首席专家主持国家社科基金重大项目，研究主要围绕我国宏观经济中存在的结构性失衡问题展开。

奔月者不惧黑暗，寻芳者不惧荆棘。进入新时代，我们肩负着更加重大的责任和使命，有幸在这里和各位同学分享我求学、工作的经历和心得，希望对大家有所帮助。

一、坚持是成功的钥匙

我在大学时念的是经济学专业。还在大二时，我便萌生了强烈的愿望：想要明白中国经济改革背后的逻辑。我看到周围的环境发生着很大的变化——一方面物质环境不断改善，一幢幢高楼拔地而起；同时，这个社会的结构、制度以及人们的心理都在发生着很大的变化。我很想搞明白，使我们的生活环境发生翻天覆地的变化的背后推动力是什么？改革开放背后的逻辑到底是什么？接下来又要走向何方？大三的时候，我读到林毅夫教

授的名著《中国的奇迹》时，便被其中清晰的逻辑和有力的证据所折服。所以，十几年前，我心中就有了这样一个冲动——要以最严谨的经济学方法来研究中国的改革问题。大四时，我参加了全国最高级别的中国经济学年会并在会上宣读论文。后来，我以专业总绩点第一名的成绩保送至北京大学，攻读经济学硕士。再后来，我从香港科技大学金融学专业博士毕业，来到同济大学经济与管理学院任教，2013年破格晋升副教授，2015年6月成为博导，同年12月破格晋升教授……

有人认为我的求学之路很顺利。然而在这些光鲜成绩的背后，更多的是不为人所知的艰辛。旁人只知道我作出来的十来篇文章，但不知道我还有二十几项研究都是失败的。早些年，我大概每做三到四个题目，最终只能做出来一个，有几次差点想放弃科研。我想，"成功更容易光顾磨难和艰辛，正如只有经过泥泞的道路才会留下脚印"。进入大学至今，我庆幸的是我没有哪一天是虚度的，这也是我唯一比较自豪的地方。作为经济管理类的研究生，如果每天都能在努力学习中度过、做事情时把自己的能力发挥到极致，那真是一件十分幸福的事情！当自己做到极致之后，从外部获得机会、取得成果，我想这就是"水到渠成"了。我也常用胡适的一句话来激励自己："凡是有大成功的人，都是有绝顶聪明而肯作笨功夫的人"。这便是说，聪明与否是先天决定的，肯下笨功夫则依靠后天的努力。"没有比人更高的山，没有比脚更长的路"，一个人用"笨"的劲头工作反而是成功的捷径。

二、兴趣是最好的老师

作为经济管理类的研究生，充分挖掘自己的兴趣十分重要。蒲松龄在《聊斋志异》中说："性痴则其志凝。故书痴者文必工，艺痴者技必良。世之落拓而无成者，皆自谓不痴者也。"换句话说，一个人如果痴迷于某件事情，他一定能把这件事情做得很好。创新性活动特别强调兴趣，只有做自己真正喜欢的事情，同时付诸极大努力，才可能取得大成功。我认为作为经济管理类的研究生，一方面要尽量抓住大学提供的一切机会，多接触、多尝试，和不同的书籍打交道、和不同的人打交道、和不同的事打交道，并在其中去体会是否对其真正感兴趣。

另一方面，我更希望大家能学会独处。孟子有一句话对我影响很大："万物皆备于我，反身而诚，乐莫大焉。"反躬自问，诚实无欺，就是最大的快乐。今天这个社会太浮躁了，人和人之间的交流非常的方便，但这也使得每个人真正的私人空间很少。在这种状态下，我们能有多少的时间真正静下来好好反省一下？而在这样忙碌的状态下，人也容易变得焦虑和缺乏目标。每天浸淫在各种各样的价值观、各种各样的网络言论中，久而久之，你便容易迷失方向，不知道自己到底喜欢什么、渴望什么，甚至不知道你自己是谁。所以，我建议研究生不要只顾着参加各种各样的社交生活，要更多地学会安静和独处。享受独处，认真聆听自己内心的声音，找寻心中的愿望和梦想。

三、中国是最重要的课题

我觉得我们这一代人是非常幸运的，正所谓"生逢其时，生逢其世"。回望我们的一生，正好是和中国从弱到强、和整个民族的伟大复兴联系在一起的。在这个过程中，中国在国际经济、政治、军事舞台上，扮演着越来越重要的角色。同时，中国内部的社会和制度也在不断地变化。一方面，14亿中国人不断创造出各种各样的奇迹，中国的国力在不断增强。在不少外国学者看来，整个21世纪，最重要的主题可能就是中国的崛起。而另一方面，在快速的经济、社会变迁过程中，各种重大的问题、难题不断涌现。毫不夸张地说，中华大地，满眼望去，有许多需要解决的问题。它们亟待真正有学识的才俊去回答，亟待真正有胆识、有谋略的政治家和企业家去解决。这里面有极多的机遇和挑战。

作为一个经济学者，每当想到那么多的矛盾、那么多的难题，我便兴奋不已，觉得时不我待，有太多事要做。正所谓"识时务者为俊杰"，古往今来，凡是有大成就的，都是能够审时度势、顺势而为的。我真诚地希望每个同学，能在之后的学习、生活中，学会独处、反身而诚、韬光养晦；又能审时度势，把自己的兴趣、愿望真正地与国家的命运相联系，从大处着眼、细微处着手，肯作笨功夫，从而开启自己不凡的人生。

师者，教者，育者

法学院　袁秀挺

【导师简介】

袁秀挺，法学院教授、学术委员会委员，曾获同济大学第三届"十佳导师"称号。主要研究领域：知识产权法、科技法、民事诉讼法、司法制度。

　　谈到导学关系，我脑海里首先跳出的是"师承"这个词。百度百科对"师承"的解释是"学术、技艺上的一脉相承"。每当遇到本专业或相关专业的学生，我会习惯性地了解该生的导师是谁，一方面便于拉近彼此的距离，更重要的是有助于我对该生的专业素养、偏好，甚至风格做出判断。像我这样出生于20世纪70年代，现在在高校任教的人，多半经历了较为完整的硕博研究生教育，但我们的导师辈，却不一定也是硕士、博士。但无论是我们知识的汲取，还是人格的塑造，导师都有着举足轻重的作用，这就是"师承"的影响。

一、师，范者

每当研究生新生入学，我都会找他们谈一次话。谈话中，我会引述我的导师——北京大学罗玉中教授的一句话："在师生关系中，我是那个火车头，在前面跑；而不是马车夫，拿着鞭子在后面抽。"罗老师的这句话对我影响很大。它不自觉地成为我与学生关系的准则，同时也成为我自我要求的标准。随着指导的学生越来越多，各种类型、各种态度的学生我都碰到过。我愈发觉得，学生并不是"教"出来的。如果说学生学有所得、有所成，除了其自身努力之外，还有老师的示范作用。比如，在指导学生写作论文的过程中，相信很多导师尤其是文科专业的导师，都对学生在文字表达和体例规范方面的问题深感头疼——有些甚至是文句不通的语法错误或者是低级差错。作为导师，面对这种情况，我会强调，"形式方面的错误，反映的是态度的问题，个人是有能力解决的"，我也会明确提出要求并提供范本，最终对论文进行评判。如果学生交上来的论文不能达标，比如出现了3个以上的低级差错，那就直接打回去。我经常举自己的例子，我的论文或著作，如果谁能发现一处差错，我就奖励100块钱。实际上，经过一两次"动真格"后，我发现学生在文本方面的问题大大减少，这说明他们是能够自我提高的。

二、教，长也

我认为师生关系的另一层含义可以从"教学相长"的角度得到理解。教学相长意味着成长是相互的，这不是一句空话。导师在与学生的相处中，不仅能得到学生提供的一些帮助，也能学到一些新思想，促使自身不断进步。现在的学生外语普遍比较好，运用网络搜集文献资源的能力也比较强，在很多方面确实能为导师的研究助力。但更重要的是，作为导师，在指导学生的过程中，绝不能"以其昏昏，使人昭昭"。文科研究往往更强调单兵作战，即使同一导师的学生在研究选题上可能也很发散。因此对于学生的研究题目，即使我做不到精通，也要求自己对它有基本的了解，能从自己的视角出发，给予学生真正有效的建议和启示。因此，这就要求导师自身也要不断加强学习，与时俱进。事实上，通过与学生的讨论甚或辩论，有时我们自己也获益匪浅。那种如切如磋、如琢如磨的境界，岂不是师生应该共同追求的？简而言之，教学中也存在教师个人的自我成长的可能。

三、育，导之

由此，我还想简单谈谈对经典的师者之论——"传道受业解惑"的个人见解。在现代社会，"道之所存"已不再是狭隘的"师之所存"了。知识的汲取有了更广泛的途径，教师的角色和作用发生了巨大的变化。从这个意义上讲，部分学者提出的新师说"创道养智导疑"或许更为恰当。是否"创道"或可争议，究其本意，实则也为强调师生的共同成长。教育是用一个灵魂去唤醒另一个灵魂，坚持言传和身教相统一，才能让学生亲其师、信其道。教育的意义就在于发现每个学生的闪光点，鼓励并引导他戒骄戒躁，防止懈怠，一直沿着正路走下去。教育的魅力也恰恰在于发现每个学生的弱点，引导、激励他努力由"不及"到"及"。

将师生关系比喻为机头牵引机身，进而也容易理解何谓"亦师亦友"了。我经常召集学生聚餐，有时开玩笑道："你们在饭桌上学到的比在课堂上更多"。这一点似乎也是受自己导师的影响——罗老师当年是有名的美食家，带领弟子们尝遍了学校周边的饭馆。罗老师曾说过，在校时是师生，毕业了就是朋友。这样的和谐关系，我心向往之，这也是一种别样的师承吧。

浇花浇根，育人育心。好的老师要成为"大先生"，需用真理的力量感召学生，用深厚的理论功底赢得学生的尊重，做学生的领航者。通过精心引导和栽培，真正让教育更有温度。

千教万教，教人求真；千学万学，学做真人

生命科学与技术学院　康九红

【导师简介】

康九红，生命科学与技术学院教授，国家杰青，科技部中青年科技创新领军人才，入选中组部"万人计划"，获"上海市育才奖"，同济大学"师德师风优秀教师"和"我心目中的好导师"称号。

陶行知先生曾说："千教万教，教人求真；千学万学，学做真人"。就是说教师要教给学生"求真"，学生要"学做真人"。因此，对教师而言，不仅要教书，更重要的是要育人，要教学生"求真知""做真人"。作为一名教师，我认为可以用这样一个标准来审视、反省并提高自己。

教人"求真"，教师自己首先要有理想信念。有坚定的理想信念才能向学生传递正确的世界观、价值观和人生观。韩愈说，"师者，所以传道受业解惑也"，"传道"是摆在第一位的。大学的根本任务在于"立德树人"，要立师德、树人师。比如做学术研究，教师首先要坚守学术良知，反对学术不端，否则会教坏学生。一个有信念的老师，心里装着国家和民族，才能用自己的学识、阅历和经验燃起学生的少年志和家国情。

其次，教师还应具备道德情操。教师是个特殊的职业，社会对其道德上的要求自然会高于其他大部分职业。"为人师表"就是大众对教师道德水平的认知。"师也者，教之以事而喻诸德者也"。教师对学生的影响，离不开教师的学识和能力，更离不开教师为人处世、于国于民、于公于私所持的价值观。教师是学生学习和效仿的榜样。所以在日常学习生活中，教师首先要以身作则，锤炼自身道德品德，更加重视身教。只有德才兼备的好老师，才能培养出一批批品学兼优的好学生。

此外，"求真"离不开扎实的学识。只有不断学习充实自己，敢于创新，在学术上有自己独特的思想和特色之处，在教学和科研中能将自己对知识、对科学的理解传递给学生，才能充分为学生的发展和成长提供平台。"青，取之于蓝，而青于蓝"，能培养出优秀的德才兼备的学生，对社会有用的栋梁之才，我想这是做老师最值得自豪的事情了。

最后，教人"求真"更要有仁爱之心。在日常生活中，教师既要做到严格要求学生，又要用"真心"关爱学生，做学生的良师益友。学生有问题来寻求帮助，教师能解决就帮帮学生，不能解决还可以寻求组织帮助。

对于学生来说，在教师教人"求真"的过程中，自己应当学会求"真知识"、学"真本领"、养"真道德"。这样在"教人求真""学做真人"之间，方能和老师形成良性的沟通和互动，实现自身的成长成才。

同学们首先要学会求"真知识"，也就是说每个研究生都应当有强烈的好奇心和主动学习的动力。特别是研究生阶段是人生中步入社会前最重要的学习阶段。每个同学都要珍惜时光，树立终身学习的意识，培养良好的学习习惯，优化自己思考和解决问题的方式，不断学习和接受新事物的出现，勇于挑战未知领域，提升自己的能力和才华。在学习的过程中，要谦虚主动，与人为善并有团队意识。即使刚开始学习时所掌握的专业技术或理论知识不扎实，只要肯主动学习，有进取心，积极交流，最终都能获得提升。

此外，还要掌握"真本领"，这讲的是要对社会问题有正确的认识。在科学研究中、在思考问题时，如何把"真知识"转化为"真本领"，提升自己的能力尤为重要。作为研究生，能主动寻求把自己的所学、所思，真正与社会实际需要结合到一起，真正解决社会问题，就是"真本领"提升的关键了。比如，生命科学领域的研究生，要时常去思考自己研究的科学问题是不是这个领域迫切需要解决的问题？是不是当下社会密切关注的问题？这个问题是否同人类的健康相联系？当自己研究的问题真正能为社会服务时，自己的能力也就成长起来了。

最后我想说，每个同学要求"真道德"。古有至圣先师曰："弟子入则孝，出则弟，谨而信，泛爱众，而亲仁。行有余力，则以学文。"今有固庵先生言："先做人，后做学问。"反观近年来研究生抄袭论文、伤害同学等现象，足以让众多学者意识到道德修养先于知识学习的重要性。每个同学都应该认识到：热爱祖国是立身之本，成才之基。要成为好学生，应以袁隆平院士、钟南山院士等时代楷模为榜样，主动学习国家政史，积极践行社会主义核心价值观，树立正确的人生观和价值观，加强道德修养并努力学习，做"德才兼备"的社会主义事业建设者和接班人。

教育的根本目的是让人成为一个"真正的人"，无论是老师还是学生，都应以这个理念为根本遵循。教师作为现代进步教育思想的实践者，应当教学生求真知识、学真本领、养真道德，如此，学生方能在这个过程中坚定理想信念，培养高尚品格，在服务和奉献中锤炼自己的本领和意志，做对社会有用的"真人"。

寻梦·追梦·圆梦

医学院　王秀丽

【导师简介】

王秀丽，医学院教授，曾获同济大学医学院"我最喜爱的导师"、同济大学医学院"十佳导师"称号。

无论是老师还是学生，都要有一个"梦想"——一直在自己热爱并坚持的领域不断努力奋斗，脚踏实地地取得一项项成绩，过无限广大的日子。回想我读书、工作的这四十年，正是一个从寻梦、追梦到最终圆梦的过程。今天我和大家一起分享这个过程，希望同学们也能在追求梦想的路上，做一个矢志不渝、砥砺前行的人。

一、寻梦

我与"光动力医学"这个学科"结缘"已有27年。1995年，我硕士毕业后被分配到武汉大学人民医院皮肤科工作。时值科室老主任徐世正教授从加拿大留学归来，带回了国外也刚起步的先进技术——光动力治疗。在工作中，我接触到一些尿道内 HPV 病毒感染者，其治疗非常棘手。鉴于自己丰富的性病诊治经验以及良好的皮肤病理基础，我的脑海中萌发了一个强烈的假想：能否将安全有效的光动力技术应用于此呢？经过细致的准备，在充分的安全措施的保证下，我克服了困难，取得满意的疗效。这极大增强了我对光动力研究的信心。正是善于思考在实践中遇到的问题，使我开始追寻研究光动力治疗的梦想。

2000 年，我调入上海市皮肤病医院即同济大学附属皮肤病医院工作，继续从事光动力研究工作。后又分别攻读复旦大学和德国慕尼黑大学的博士研究生，最终获得了复旦大学皮肤性病学和慕尼黑大学光动力医学双博士学位。通过不懈努力，我在国内牵头开展的光动力治疗尿道尖锐湿疣多中心临床研究，将光动力大规模应用于尿道尖锐湿疣患者治疗，取得了令人非常满意的疗效，总治愈率高达 95%，复发率仅为 5%，而且安全、无明显不良反应，不但解除了患者的痛苦，也解决了尿道尖锐湿疣这一世界治疗难题。2007 年，ALA 光动力经中国国家药品监督管理局批准，成为尿道尖锐湿疣的首选治疗方法，光动力实现了从肿瘤治疗向非肿瘤性疾病治疗的华丽转身和拓展。国际光动力领域对中国光动力事业给予了高度赞赏，称"光动力"在中国的发展独树一帜，中国人的创举——应用光动力治疗尖锐湿疣为世界光动力的发展作出了贡献。

每每想起这段经历，我常常告诫我的学生们要乐学、勤思，牢记"学而不思则罔，思而不学则殆"的箴言，为自己插上"寻梦"的翅膀。

二、追梦

怀着对医学事业的热爱，我始终不忘自己当初选择成为一名医者的初心——解决患者切身疾苦，克服临床难题。皮肤癌是人类最常见的恶性肿瘤，传统手术切除易造成患者面容畸形、生殖器官丧失，给患者身心带来双重打击，预防和早期治疗皮肤癌迫在眉睫。我们努力将研究成果转化为临床医学的"创新宝库"，制定了老年人皮肤癌及癌前期病变的早期筛查识别，即光动力荧光诊断技术操作流程和规范。

2014年，中华医学会"光动力治疗研究中心"正式成立，我有幸担任研究中心的首席专家，牵头制定了首版《5-氨基酮戊酸光动力治疗临床应用共识》及指南，并在国际光动力权威杂志发表，弥补了原有国际指南在治疗尖锐湿疣领域的空白，为规范、指导、推动我国光动力临床治疗皮肤病提供了权威参考。在第17届国际光动力协会世界大会中，作为国际光动力协会的理事，我代表中国做了2023年国际光动力协会世界大会申办陈述，获得了国际评审专家的认可。上海最终拿到了2023年国际光动力协会世界大会的举办权。这是中国光动力医学界的骄傲！目前，中国光动力事业已真正做到"国际知名，国内领先"。看到光动力作为一种独特的治疗方法在全国推广，上百万患者因此受益，我的内心激动不已，真真切切地体会到我从事的职业的崇高。

三、圆梦

很多梦想都需要接力传承，我们要成为那个"巨人"，更要帮助年轻人站上"巨人"的肩膀。对学生的培养，"兴趣"是一个很好的起点，通过兴趣入门，激发他们的科研热情，把学生带到学术最前沿，给学生创造一个宽松自由的学术环境，带领他们坚持不懈地在科研道路上探索、超越，帮助他们"圆梦"。近年来，我获得了同济大学医学院"我最喜爱的导师""十佳导师"等荣誉称号，这既是对我的肯定，又鞭策我在育人圆梦的路上不断前行。

一个人、一个团队的力量始终是有限的，为了让光动力这项技术更多地惠及患者，我们每年都举办国际光动力高峰论坛、国家级继续教育项目、学术交流和培训，越来越多医生接受了光动力治疗理念。近年来，我带领课题组积极参与和指导国产光动力新药"艾拉"的研发和三期临床研究，希望通过国产新药来推动我国光动力医学事业的发展，惠及更多患者。在此基础上，我们不断总结经验、建立健全相应标准、规范操作流程，向上海市二级医院和社区医院的临床医生进行规范化操作培训和新技术成果推广，并将成功经验逐步推向全国，帮助更多的医院开展光动力技术应用，弥补了基层单位业务技术含量低的不足，提高了基层医院的临床诊疗水平，促进了基层医务人才的培养。我希望以我的实际行动去感染我的学生，永远把"做大做强中国光动力"作为一生追求的梦想。

"好老师"的定义

体育教学部　叶　宇

【导师简介】

叶宇,体育教学部副教授。

在我数十载的教学生涯中,有一个问题是我一直在思考的,也是我一直在努力追求的,那就是:怎样的教师才是好教师?在担任公共体育课教师时,我把让更多的学生积极参与体育运动、增强学生体质作为我的追求;在担任校男篮教练员时,我把提升队伍技战术水平、为同济大学赢得更多荣誉作为我的追求;当我成为一名体育学科的硕士研究生导师时,我把引导学生树立正确健康的人生观价值观、提升学生科研能力作为我的追求;后来我又成为同济世联行赛艇队的领队,我又把增强队伍凝聚力、丰富嘉定校区特色校园体育文化作为我的追求。数十载的教学生涯变的是身份,不变的是对成为一名好教师的孜孜不倦的追求,我对怎样的教师才是好教师这一命题的认识也逐渐清晰,借此机会同大家谈一谈我的想法。

一、传道受业，以德为先

导师是研究生思想政治教育的首要责任人，在研究生学习、科研、生活、情感等各方面起着非常重要的作用。因此作为导师，首先要坚持的就是"立德树人"，以自己优良的职业道德、严谨的治学态度影响学生，注重学生人格的健康发展和人文精神的培养，促进学生知识、能力、素质全面协调发展。数十载的教学生涯，让我深刻地意识到对学生人格品德方面的培养的重要性。在我的研究生刚入学时，我就希望他们不仅仅是要完成研究生阶段的科研任务，更重要的是树立正确的人生观和价值观，同时还要养成阅读时政新闻、关注社会时事热点的习惯。每一代青年都有自己的际遇和机缘，我希望我的研究生能把自己的理想同祖国的前途、自己的人生同民族的命运紧密联系在一起，扎根人民，奉献国家，成为有健全人格、有专业学识、有责任担当、有家国情怀、有诗和远方的奋斗者和实干家。

二、因材施教，各因其才

我的研究生中既有高水平运动员，也有非体育专项的学科生，他们各有自身的优势和长处，也有自己稍显薄弱的环节。在研究生的日常培养中我尤其注重因材施教，根据他们的具体情况灵活选择不同的培养方式，以使每名同学充分发挥优势，弥补自身不足，全方位地完善自己、取得提升。高水平运动员运动专项技能水平突出，理论水平稍显薄弱。因此，在学术科研中我有意加强他们的基础科研能力训练，从查找文献、阅读文献、撰写文献综述等环节予以指导，不断提升他们的学术理论素养。而非专项的学科生具备较为扎实的科研学术素养，但是在体育实践能力方面稍显薄弱，对此，我会创造条件让他们积极地参与体育实践，这里不仅仅指狭义的参与体育锻炼，而是以各种形式参与体育实践，或是以组织者的身份参与校园体育活动的组织，或是以运动员的身份参与各种体育竞赛，又或是以志愿者的身份参与体育赛事的执行。与此同时，所有的研究生组成了一个团队，除了个人发展外我们整个团队也要共同进步。我会根据不同类型学生的实际情况，有意识地让学科生在提升学术素养上给予高水平运动员更多的帮助，让高水平运动员在参与体育实践方面给予学科生更多的支持和指导，大家取长补短，互帮互助，促进团队共同进步。我的团队也相继承担了近几年的上海市体育决策咨询研究课题和同济大学思想政治教育基金资助重点课题的研究任务，大家通力合作，各项课题均顺利结项，其中，"格林模式视角上海市居民健康促进策略研究"在2020年上海市体育决策咨询研究课题评比中被评为优秀课题。

三、源于热爱，贵在坚持

在学生选择自己的研究方向时，我会强调要选择自己最感兴趣的研究领域，要对这个研究方向怀有"初恋般的热情"，这样才拥有持续开展研究的动力。与此同时我还注重引导学生在选题过程中要紧跟时代发展需求，自觉地把自己的研究融入体育强国和健康中国的建设中。在我的诸多学生中，有的顺应健康中国建设，投入全民健身和体育健康促进相关领域的研究中；有的将研究目光瞄准体育产业，关注体育在经济发展中的重要价值；有的将研究领域锚定在体育培训，以期为体育培训行业的健康发展贡献一份力量。导师需要做的，就是在研究可行性的判断和宏观方向的把控上给予专业的指导。对于学术研究而言，对自己的研究领域拥有"初恋般的热情"只是开始。坚韧不拔的意志，持之以恒地坚持才是学术科研能够取得成功的重要保障。这不禁让我想起了参加北京冬奥会的老将徐梦桃、齐广璞，他们参加四届冬奥会仍不放弃对奥运金牌的渴望，历经十二载终于圆梦，没有这份始终如一的坚持是不会最终站上最高领奖台的。我鞭策学生要在自己的研究领域持之以恒地开展研究，发扬"钉钉子"的精神。我会定期认真听取每名同学近期在其研究方向所取得的进展和遇到的困难，及时地为他们答疑解惑，积极地创造有利条件解决他们在研究中遇到的困难，给予他们充分的鼓励和支持，引导他们勇敢地去面对困难和挑战，坚持地走下去。

　　教育的本质是一棵树摇动另一棵树，一朵云推动另一朵云，一个灵魂唤醒另一个灵魂。作为一名研究生导师，我自感责任重大，时刻以一名好教师的标准要求自己、敦促自己，努力做到在思想上引导、在行动上鼓励，帮助我们的青年学子承担起新时代的使命担当，这是我们国家对研究生成长成才的期盼，也是我们的终身职责。

第二篇章

倾听生音

　　德高为导，才高为师，德才兼备，方为导师。导师以各自的特质诠释知识，又以各自的方式恪守师职。兢兢业业，无微不至，在师德的方圆里，导师们一起书写着烛泪成灰的长诗；在育人的田野里，导师们共同培育着德才兼备的栋梁。学生感到迷茫时，导师就如雾海中的明灯，指引学生前行；学生遇到挫折时，导师就如春日里的和风，抚慰懵懂心灵。谆谆如父语，殷殷似友亲。相伴千日，时光匆匆，从师所得，举足轻重。学贵得师，亦贵得友，亦师亦友，我辈典范。

　　"古之学者必有师。"师恩深如海，师恩厚如山；钻之弥坚，仰之弥高；言传身教良师意，潜移默化明月心。遮风挡雨，潜心培育，他们在学术的田园里播撒求知的种子；开拓创新，玉壶冰心，他们在似水的年华里留下光阴的故事。厚谊常存魂梦里，深恩永志我心中。导师如春风化雨，导师似幽谷飞香，我的导师，他传道受业又解惑；我的导师，他陪伴帮助且真诚。亦师亦友，一路同行。

　　青蓝辉映同筑梦，薪火相传济弦歌。"倾听生音"汇集20名同济大学研究生的文章或信件，从学生的视角展现新时代导学关系。这些故事围绕学习科研、团队文化、师生情谊等主题展开，其中既有对田野调查、工程测量、读书研讨等导学现场的描摹，又有对言传身教、师生同进、教学相长等和谐场景的复现。这些具有浓厚师生情感温度的文字，虽然不够尽善尽美，但也原汁原味，真实可感，读来令人耳目一新。

我与导师：相信的力量

设计创意学院　宋东瑾

【导师简介】

娄永琪，设计创意学院教授，瑞典皇家工程科学院院士。长期致力于社会创新和可持续设计实践、教育、研究，"设计驱动式创新"应用到城乡交互、产业转型、创新教育、社区营造、政策研究等多个领域。

【作者简介】

宋东瑾，设计创意学院2019届博士毕业生。

注：照片右一为娄永琪教授，右二为宋东瑾。

博士期间跟了一个很棒的导师是什么体验？总体来讲，我博士阶段的导师娄永琪教授是一个正能量"发射器"，从他那里可以持续获得"相信的力量"。

一、风骨："知识分子需要担负对这个社会的责任"

毕业在即，回想六年前的博士招生面试，当时我已经在设计创意学院学习了三年，但作为学院的"透明小硕"，我始终心怀敬畏，认为娄老师遥不可及。我与我博士阶段的导师娄永琪教授说的第一句话，就是在博士招生面试现场。

"你觉得什么是交互设计？"

"我觉得交互设计不只是指人和机器的交互关系设计，更重要的是以物为媒介的人和人的交互关系设计……"

"现在交互设计有两个代表人物和流派，唐·诺曼（Don Norman）和乔治·理查德·布坎南（George Richard Buchanan）……"

后来导师讲起来这段经历，说自己那天本来没打算来面试现场。回想起这段往事，我非常感谢导师在我懵懂的时候，选择相信我，"捡"我进师门。

面试过后，我来到娄老师的工作室详谈未来的研究方向。他说的一段话我至今仍然记得："设计师首先是一个知识分子，只不过是有特殊知识、视角和能力的知识分子。知识分子需要担负对这个社会的责任，担负多少，怎么担负，则因人而异。"娄老师长期从事与社会复杂问题相关的研究，拒绝一切科研上的投机行为。他跟我详细介绍了他发起的"设计丰收"这一主动设计介入城乡互动的项目，谈及他的初心、未来的愿景、已有的成就和遇到的挑战。他说，他相信我也可以在这个领域找到自己感兴趣的方向，不仅仅取得学术上的成就，也能对社会作出自己的贡献。

二、极致："要把事情做到极致，要么不做，要做就做到最好"

"要把事情做到极致，要么不做，要做就做到最好。"娄老师说，大学如果不追求卓越，这个社会就没希望了。把抱怨的时间节约出来，把手头上的事做到最好，就是对这个社会和自己最大的负责。就个人来说，把一件事情做到极致，从中得到的锻炼比做十件事情都大。无论是参与研究项目、组织会议、编辑书籍，还是教导我们撰写论文、养成学术规范，娄老师都言传身教，把做到极致作为做任何一件事情的准则。

在读博期间，我是大师姐，导师放心大胆地放手让我组织协调全组的博士生和硕士生参与科研项目。在这个过程中，我充分锻炼了沟通和组织能力，学习了如何随时把自己的工作和团队目标与效益联系起来。但过程中也不免出错，在协助导师编纂 Design Harvests — An Acupunctural Design Approach Towards Sustainability 一书时，因为我的失误，图书在印刷过程中出现了排版和颜色错误。虽已印成，导师仍坚持自掏腰包重新印刷，力争在能力范围内做到完美。后来我去向导师承认错误和道歉，导师只是大手一挥说，"相信你自己出书的时候，这些错误就不会再犯了"。之后，让我继续负责后续的印刷工作。

追求极致的路上总会有风尘，而这份追求极致背后的豁达与包容会带我们走出阴郁，向着未知的风景，跋涉前行。

三、力量："我相信你，慢慢来"

娄老师即使再忙，给学生的时间总是充足的。论文思路卡顿的时候，基本当天就能约到导师讨论，副导师开玩笑地说我享有全院约见院长的最高优先权。即便导师因意外腓骨骨折，在病榻上仍关心我们的论文。我们去看望导师的时候，他最先提起的也是大家的论文进度。我们发表的每篇论文都经导师亲手修改，力争"言之有物、有所创见"。

导师很忙，身兼学术行政多职，但他无论前一天工作到多晚，第二天一早都精神饱满。每次见到他，他都是笑着而且小跑着走路，这样积极乐观的情绪也时刻感染着我们。刚开始读博时，我参加了一次娄老师组织的学术论坛。副导师侃侃而谈、鞭辟入里的总结发言，让我这个连讲座内容都没大听懂的"学渣"在巨大差距前，失去了继续读博的信心。当我带着哭腔跟导师说"我可能不适合读博"的时候，导师反问说，"她多大？你多大？你要对自己有信心，我相信你，慢慢来"。这句话让我重拾继续科研工作的信心，每每遇到困难时，我都会回忆起导师这句鼓励的话，从而乐观地面对挑战。

导师总是"因材施教"，一次次鼓励我远离舒适区，不断迎接挑战、不断成长和进步。在我博士毕业前夕，导师与我反复讨论未来的发展方向。

他鼓励我说："人生在世，一切皆有可能。"跟随娄老师读博这几年，是导师的"相信的力量"推动我成长和进步，也伴我度过了坎坷的读博生涯。娄老师的"学为人师，行为世范"，就像一束光，看到自己的进步而不洋洋得意，看到自己的局限又不妄自菲薄，端正的品行，善良的人格，自律的习惯，带领我们冲破阻碍，赶走颓废，一路向前。我无以为报，唯有砥砺前行，履行一个知识分子对社会的责任，才能够无愧师恩。

他还是从前那个"少年"

数学科学学院　齐雪菲

【导师简介】

梁汉营，数学科学学院教授，曾获第十一届全国统计科研优秀成果奖二等奖、重庆市自然科学二等奖以及安徽省自然科学三等奖。

【作者简介】

齐雪菲，数学科学学院2021届硕士毕业生。

注：照片前排右一为梁汉营教授，后排右二为齐雪菲。

背着双肩包，脚踩军绿色的胶底布鞋，身穿略微显旧的卡其色灯芯绒外衫，高大的身躯蹬在单薄的共享单车上用力前行……如果你在同济校园里遇到这样一个人，他可能是我的导师，梁汉营教授。在成为梁老师的学生之前，对于这个在统计学领域颇有声望的知名教授，我心中更多的是敬畏。在成为梁老师的学生后，我越来越感受到他作为一位学者的纯粹、作为一位长者的真实和可爱。

一、"从来没有什么诀窍"

我以前总会轻飘飘地感叹："老师怎么能把科研和行政工作平衡得如此之好，是不是有什么诀窍？"与老师接触后才发现哪有什么诀窍可用，老师的成绩都来自扎扎实实的努力。

每一步证明条理清晰，每一句英文用词妥帖准确，每次读梁老师的论文，总是被他的严谨、规范深深触动。"现在功夫下的'深度'决定着今后的科研'高度'，学术研究容不得一丝含糊"，梁老师总是反复跟我们强调科研的逻辑性和严谨性。师门每周两次的组会，他风雨无阻，总是在专注倾听后对我们论文中的每一个推导细节"穷追不舍"，不允许有任何的含糊敷衍。他的言传身教让我们明白，科研绝不是简单的"脑洞大开"和"方法拼接"，必须静得下心、耐得住寂寞、坐得住冷板凳，用日复一日的"量变"涟漪激荡起"质变"的波澜。

"天下大事，必作于细"，梁老师的一丝不苟是事无巨细的。多门专业课、各种会议、学院事务……梁老师比我们忙碌辛劳得多，但每天的休息时间却比我们少得多。在我们眼中，已经50多岁的梁老师依旧是那个"少年"，总是神采奕奕，精神饱满；日理万机，却也不慌不忙，从容镇定。年纪正轻的我们，感之观之，羞愧不已，只得暗下决心，见贤思齐。

二、"不要急，先好好扎根"

梁老师常穿的那双军绿色的胶底布鞋隐隐透出复古的气息，有些显旧的卡其色灯芯绒衫衬得他的笑容更加平易近人。梁老师在生活中非常朴素，办公室配置都很简单。不管是在西苑食堂埋头吃面时的津津有味、在打印纸背面演算草稿时的认真专注，还是跟我们交流购买高性价比电子产品时的兴致勃勃，点点滴滴，都饱含着一位师者的纯粹、真实和可爱。

梁老师骑小黄车去行政楼的画面给我留下了非常深刻的印象。按理说他工作繁忙，一些送材料这样的小事情完全可以让学生代劳，但他从不占用我们的学习时间，而是亲力亲为。每次看到他高大的身躯蹬在单薄的车架上费力前行，哼哧哼哧地想要更快一点，我都忍俊不禁。但偶然间瞥见他被风吹散的青丝间，几缕白发在阳光下格外刺眼，我不禁感慨万千，眼圈发红，为能够成为他的学生而骄傲，也为恩师无言中给予的温暖体贴而感动。

学在魔都的我们，科研求学之路上常会患得患失，怕就业前景不理想，畏房价高不可攀，感生活压力巨大。这个时候，梁老师总是用略带乡音的普通话，将他刚毕业工作时的生活向我们娓娓道来：破旧的出租屋、微薄的工资、相对而言天文数字的房价……虽然条件艰苦，但教学科研一点都没有放松。时隔多年，梁老师的科研成绩已硕果累累，但他没有一丝骄傲自满，仍谦逊朴素、简单赤忱，仿佛还是刚刚毕业的那个他。"不要急，一定要先好好扎根，踏踏实实地拼搏，没有哪一代人能够随随便便成功。"他的话，温和而充满力量，质朴和蔼的笑容让我们平静从容下来，再次蓄力出发。

三、"有时也需要一点仪式感"

见惯了平日里衣着简朴的老师，偶尔西装革履，挺拔自信的他总能让我们眼前一亮，大呼"真帅"。这样的场合，如代表学院出席重要的学术会议，如温情满满地参加师姐的婚礼，再如见证学生人生转折点的重要时刻。常服，是他对简单、朴素生活的真心热爱；盛装，是他对事业的至高尊重，对学生的由衷祝福。

忘不了去年冬天的一个下午，雨一直淅淅沥沥地下，我考取的单位需要考察学生在校表现，邀请导师到场发表意见。梁老师早早地到达指定地点，不急不躁地耐心等待对方负责人到来，自始至终没有催问过我一句。

我考取的单位仅要求导师陈述 15 分钟，梁老师却谈了整整一个小时，尽力使我的考察更为妥帖。那天的老师，穿着擦得锃亮的皮鞋，充满仪式感的盛装只为让他的学生的未来好一点、更好一点。

  一千个人眼里有一千个哈姆雷特，每个人对好导师的标准可能都有不同，在我心中，好导师的标准就是梁老师的模样。当我想偷懒的时候，我总会翻一翻邮箱里那些老师深夜里发来的信件，想象老师还在坚持勤奋工作的身影，浑身又充满力量。当我内心浮躁时，我总会想一想老师讲过的故事，提醒自己不可因为些许成绩而骄傲自满，要做一个永远赤诚的人。此时此刻，我眼前又浮现出他阳光下骑着自行车的身影，脑海中永远留存的，还是那个满怀热忱奋力奔跑的"少年"的模样。

我的"MAgic"导师

交通运输工程学院　马万经教授课题组

【导师简介】

马万经，交通运输工程学院教授，伊利诺伊大学香槟分校、亚利桑那大学和香港科技大学访问学者，主要研究交通设计与控制、车路协同和共享交通等。曾获国家自然科学基金委优秀青年基金、"十佳全国公路优秀科技工作者""上海市曙光学者"称号，入选"上海市浦江人才计划"。

注： 照片后排左四为马万经教授。

他的一句句话、一个个观点、一件件小事都潜移默化地影响着我们，带给我们学习生活的"MAgic"。他，就是我们的导师马万经教授，我们的

"MAgic"导师。

一、"严人"

马老师是个"严人",这是我们对他的第一印象。他的"严"不是严厉,而是严格,他的严格是出了名的。与马老师讨论问题是一件让人感到"酸爽"的事。"酸"的是,与马老师讨论时的每个观点、每个表达,甚至是每个用词都要经得起推敲、经得起验证、经得起琢磨,否则在马老师那正义凛然的目光和严谨缜密的询问下,一切小侥幸、小迷糊都会暴露无遗,难以躲避。而"爽"的是,马老师总会在你支支吾吾没有头绪时,为迷茫不安的你打开一盏明灯,让你重新找到前进的方向。

"还记得在我本科毕业论文预答辩后,马老师把我叫到办公室,对着我的论文逐页给予意见,当时马老师的'刚柔并济'让我印象深刻",课题组小A说,"他说,'最好能做到不需要看屏幕,而是面向观众,对汇报的材料应有十二分的熟悉,语速控制在一分钟200~220字,尽量从容、有条理地讲完内容',他直截了当地指出了论文里的逻辑漏洞和答辩展示的不足之处,又耐心地教给我答辩展示的技巧。我想,只有自己曾以这样的标准严格要求过自己,才能这样细致地向学生传授经验吧。"

马老师的"严",不是不近人情的苛刻,而是倾注期待的负责。他希望我们养成以高标准严格要求自我的习惯,尽全力把每一个细节都做到最好。言传身教中,我们都不再用60分的及格线衡量自己,而是每个人都对自己抱有100分的期待,努力向最好的自己奋进。

二、"狠人"

马老师是个"狠人","狠"不是对别人,而是对自己。作为学院里出名的"拼命三郎",马老师以身作则,为学生提供了勤奋的模板。马老师严于律己,同时也不失幽默,在课堂上讲解复杂晦涩的理论公式时,总能时不时说出一些金句,通过轻松诙谐的互动方式,将知识点讲解得通俗易懂。

历经无数锤炼，方显功力深厚。多少人羡慕他成果丰硕、荣誉满仓，殊不知他背后熬过了多少个深夜和清晨。马老师经常说："发论文，一定是因为做出来的成果值得发表，这是顺其自然的结果而不是目的。"他对待工作热情认真的态度和实事求是的科研精神深深地感染着我们。

而马老师从不对我们"狠"，从不强迫我们。"他尊重学生的想法，理解学生的困惑，也给予我们充足的空间"，课题组小B说，"有一次，课题组有一项紧迫的科研任务，但当时我正因为一些状况处于心态低谷期，也担心自己的状态会影响到任务进度，就直接拒绝了任务。消息发出之后，我有些忐忑，毕竟'不想做'这个理由实在有些过分。没想到，马老师直接给我打了电话，传来的不是批评责备的声音，而是温柔关切的话语'你不要紧吧，中午一起吃个饭，我跟你聊聊'。我心头一酸，实在不忍老师因为我的个人状况再浪费时间，赶忙再三推辞，但是马老师一再坚持。那天中午，马老师跟我从上午11点半一直聊到下午2点，聊自己年轻时的经历，以自己的人生阅历对我进行开导，为我布满阴霾的心中播洒了缕缕阳光。从餐厅走回学校的路上，我跟马老师说我已经可以继续科研任务了，但老师仍坚持给我一个月调整期，让我在这段时间内先抛开科研工作，好好调整自己。这种尊重与理解带给我春风拂面般的温馨暖意，每每念及，感慨颇深。"

三、"诗人"

随着与马老师的深入接触，我们还发现了生活中马老师浪漫文艺的另一面。案牍劳形中不忘诗意，他还是个"诗人"。他的诗不是"薄雾浓云愁永昼，瑞脑消金兽"般的烦思愁绪，不是"问君能有几多愁，恰似一江春水向东流"般的孤寂悲凄，更不是"白头搔更短，浑欲不胜簪"般的惆怅迷惘，而是"星垂平野阔，月涌大江流"的豪迈豁达，是"凭栏明日意，池阔雨萧萧"的恬静开明，是"为有牺牲多壮志，敢教日月换新天"的豪言壮志，是"流觞不谙么弦意，醉卧庭前看落花"的淡泊清远。

除"把文章写在祖国大地上"外,恐怕只有"万里征途徜徉地,经纶满腹普度天"才是我们对他最恰当的评价了。

马万经老师不仅教导我们专业知识和方法,更在生活处处对我们言传身教。他常说:"在学术上我们是导师和学生的关系,在生活中我们是伙伴、朋友。"真正的关心是藏不住的,生活中的他文艺谦和,关爱我们每一个人,时常组织团队建设的活动,管理团队有张有弛。马老师身上仿佛有某种魔力,把团队紧紧地凝聚在一起,我们常开玩笑地说,马老师是我们的"MAgic"导师,而我们是一个"MAgic"团队。

寥寥数言,不足达意。马老师的行为品格已经深深影响了我们,我们始终可以自豪地说出,马老师是我们的"MAgic"导师,一个严于律己而暖心待人的老师,一个勤奋治学而不失浪漫的老师。

我们的"80后"导师

材料科学与工程学院　丁元琪

【导师简介】

　　许维,材料科学与工程学院教授,曾获国家杰出青年科学基金、优秀青年科学基金,2012年受聘上海特聘专家。主要利用超高真空扫描隧道显微镜(UHV–STM)结合密度泛函理论(DFT)计算开展表面物理化学前沿研究。在表面分子组装、表面分子反应、表面化学合成等方向进行了系统和深入的探索,取得了多项创新性成果。

【作者简介】

　　丁元琪,材料科学与工程学院博士后。

注: 照片后排右一为许维教授,前排右一为丁元琪。

　　一头利落的半寸,透过眼镜,闪烁着智慧和思想的光芒。这样一位年轻人走在校园中,不少人都会误将他认作一名大学生。而事实上,许维老师早在 2009 年就开始在材料科学与工程学院任教，今年已经是他担任同济大学特聘教授的第 13 个年头了。"年少成名"的他不为繁华易素心，是我们崇敬的"80 后"导师，也是陪伴我们奔跑前行的"零代沟"好友。

一、我们的"优质偶像"

大二时，我通过学院的导师制认识了许老师。当时，他是全校最年轻的教授，朝气蓬勃，平易近人，经常和我们一群本科生打成一片。出于对许老师的崇拜和对扫描隧道显微镜相关研究的兴趣，本科毕业后我选择了直博，进入了课题组大家庭。许老师总是充满激情，学院大大小小的活动中都活跃着他的身影。但不管繁杂事务再多再忙，他都以充足的干劲保证对学术科研的投入，以无限的激情和热血不断"刷新"着自己。

"学识渊博、思维敏捷"是我在科研学习过程中对许老师的最初印象。许老师对学术研究十分敏锐，常常能在不起眼的学术资料中"探测"到重要的研究价值。记得有一次，我在实验中得出了一组在我看来"平平无奇"的数据，浏览了一遍就过了，在工作汇报的时候，许老师敏锐地觉察到这组看似"平常"的数据后可能隐含着的"不平常"的结果，便指导我再次实验，最终得出了当初根本不曾想到的重要实验结果。每当我们在实验中遇到困难、瓶颈时，许老师总能从细节中敏锐地捕捉到问题的关键，在"山重水复疑无路"的时候，带我们邂逅"柳暗花明"。

"给我一个支点，我就能撬起整个地球。"许老师的"细节教育"正是给了我们这样的"支点"：从细节中抓住主要矛盾，从容地面对、解决任何问题。

二、我们的"百科全书"

许老师常与我们交流谈心，与许老师首次交谈的情形至今让我记忆犹新。"做科研首先要做人，在拓宽科研思路之前首先要脚踏实地做事，唯有务实方能成器"。在许老师眼里，结果的好坏是能力问题，能否认真去做则是态度问题。态度端正，持之以恒，方得始终。

还记得博二那年，每天对着仪器做实验、分析数据，心生倦意又充满迷茫，一度想要放弃。"人生没有不难的事，只有不敢去做的心"，许老师没有急于否定我的想法，他说"所有的事情没有难不难，而在于你想不想做，最大的困难在于能否'坚持'，这是我们唯一能把握的事情"。在许老师的耐心开导和鼓励下，我决定再给自己一次机会继续试试看。那段时间许老师经常来关心我的情绪和状态，慢慢地我又重拾了科研的乐趣。

同学们都很喜欢与许老师交流，不管是研究方向上的想法，还是实验中遇到的挫折。他就像一本神奇的"百科全书"，总能让我们豁然开朗。不容否认，科研工作从来都是艰辛和漫长的，但正因为路上有导师的指引和相伴，才让我们在"上下求索"的路上拥有了那么多温暖和勇气。

三、我们的"良师益友"

一个创新高产的科研团队，必然离不开其乐融融的交流氛围，而其乐融融的交流氛围，必然离不开一个智慧谦和的主导者。科研工作之余，许老师也对我们的生活百般关照。于我而言，许老师亦师亦友：科研中的他，是指导我科研之路的好导师；生活中的他，是引领我成长之路的好朋友。

作为一名"80后"，许老师和我们年龄差距并不大，在日常生活中我们会像朋友一样相处。我们会讨论时下热门的综艺节目，会相约到其家中自助烧烤，还会一起去打羽毛球、乒乓球。良好的体魄是科研学习的保障，许老师经常鼓励我们加强体育锻炼，还在实验室为我们配备了哑铃等健身器材。记得2015年夏天刚加入课题组时，许老师每天晚上都带着我们绕着学校跑5公里，每次我们都拼尽全力，却赶不上许老师的脚步。

那是一个酣畅淋漓的夏夜，压力和烦恼随着汗水一甩而空，一起欢笑奔跑的师友，让我感到未来前行的道路上我不是孤单一人。

人生路上的一盏启明灯

环境科学与工程学院　闻　翔

【导师简介】

黄清辉，环境科学与工程学院副教授，长期从事天然水域环境科学研究，先后主持和承担国家自然科学基金等科研任务十余项，发表论文近百篇，其中以第一作者和通讯作者身份发表的有40余篇。先后兼任中国海洋与湖沼学会湖泊分会理事、生态毒理学报编委、《环境科学前沿》（*Frontiers in Environmental Science*）编委。

【作者简介】

闻翔，环境科学与工程学院2022届硕士研究生。

注： 照片左二为黄清辉教授，右一为闻翔。

"学贵得师,亦贵得友,良师益友,学者必求师,从师不可不谨也。"在我步入研究生这一人生新阶段之前,对于导师的形象,我曾紧张又期待,抱有无限想象。每每想起与黄清辉老师相遇并拜之为师的这段经历,总觉得十分幸运,也总有一份感动涌上心头。黄老师像一座灯塔,凡事亲力亲为,为整个课题组指点迷津;黄老师亦如一位挚友,在生活中关心和体贴学生们的日常生活,为我们排忧解难。在研究生求学期间,黄老师春风般的谆谆教诲与循循善诱让我感到温暖备至。

德国教育学家第斯多惠曾说过:"教育的艺术不在于传授的本领,而在于激励、唤醒和鼓舞。"导师,是生活的先行者,也是学业的引路人。我和导师结缘的经历始于来到同济大学之前,确定保研后的我,与黄清辉老师进行了第一次交流。

初见黄清辉老师那天,我内心充满了紧张和激动。在明净楼的门前,我在心里无数次演练与导师第一次对话的场景。黄老师还承担着学院党政管理工作,还记得第一次见黄老师,那天他正在参加一个重要的会议。这不免让我的担忧发酵开来,心想老师这么忙,今天应该没空见我了。就在我表示理解并准备之后再来的时候,黄老师三步并作两步地小跑赶到办公室,对我说:"你就是闻翔吧,不好意思让你久等了。"接下来两个多小时的面谈中,黄老师和蔼可亲地与我交流着我本科的情况、课题组的近况以及对我研究生生涯进行规划和指导。在问到一些学科领域的基础问题时,我因为紧张一时没答出来,他轻轻地拍了拍我的肩,让我放轻松,并开起了玩笑。我这才定了神,开始有条不紊地发表自己的见解。"我最看重的不是学生的科研能力有多强,而是他们有没有这份认真的态度,你今天有点紧张,但这并不会成为我否定一个学生能力的理由,我相信你能在我们课题组发光发热。"在面谈结束时,黄老师从他的书柜中拿出来一个精美的笔记本,对我说道:"以后无论是在学校还是在工作单位,都要养成随手记录的好习惯,这会让你受益一生。"下午一点的闹钟响起,还未就餐的黄老师又匆忙地赶去另一个会议……

挑战，是我进入课题组后生活的主旋律。依然记得，刚入学时心急的我想要马上在科研实验上一展宏图。可我很快发现，研究生的科研与我的想象大相径庭，它远远不是按部就班地完成步骤那样简单。彼时的我突然黯然，眼看着师兄师姐们熟练地完成科研流程，只觉自己一无所长，心中的苦涩和羡慕一起泛起。低谷之中，我向繁忙的黄老师讲述了我的困境。黄老师没有多说什么，而是在一个周末牺牲了他的休息时间，带着我们前往常州长江水源地采样，从搬运采样设备、进行采样工作到后续水样处理，黄老师全都亲力亲为，手把手地指导我如何进行科研。我想这应该就是"春风化雨润无声"吧，黄老师的教导使我心中涌起一股神奇的力量，我对黄老师敬佩倍增，感激愈加，下定决心，不负恩师培养，致力科研学术。

平日里黄老师工作繁忙，夜以继日。除了校内的教学任务、行政工作、项目申请，还要兼顾校外的学术报告与会议。可对如此忙碌的黄老师来说，整个课题组依然是他心头的"头等大事"。"实验室安全"变成了黄老师的口头禅，他亲自整理、收拾实验室；课题组的微信群也变成了最热闹的一个群，群里总有黄老师分享的学科前沿、学术动态、会议报告。急而不慌，忙而不乱。面对我们的困惑与迷茫，黄老师绝不带半点马虎或敷衍。打开被黄老师批改后的论文和报告，里面皆是标红的密密麻麻的批注，细致入微到了每一个符号，每一个脚注。黄老师常说："做学问就是做人！做学问绝不能有半点马虎，作为高水平大学的科研工作者，我们要对自己说出的话、发出的文章负责。"这些话我至今都记忆犹新，它时刻提醒着我要老老实实做人，踏踏实实做事。

读研之路是苦行僧之旅，我们都是风尘仆仆的修行者。日复一日的科研生活难免枯燥乏味，然而课题组的氛围在黄老师的带动下却又总是轻松愉快的。黄老师并没有因为毕业所需的繁重工作而把我们束缚在实验室的四面白墙中，也没有硬性规定我们按部就班地早晚打卡，反而鼓励我们要经常走出实验室去参与一些有利于身心健康的体育活动；到了周末，黄老师还经常邀请我们聚餐畅聊，他经常说，如果生活中有什么不顺心的事情，可以把他当作父亲一样倾诉；同时，他也会经常分享自己的生活，拉近师生距离。每年同济大学的樱花季，黄老师都会主动约我们去樱花大道拍照留念。灿烂芳华，甜美而温馨的芬芳氤氲，课题组每个人笑容灿烂。

　　如果信念看得见，或许它就像一颗启明星，引领我们度过无边的黑夜，探索无穷的真理。而黄老师就是我们人生路上的那颗启明星。晴空万里，他在；星云密布，他在；他一直都在！

一种好奇，一起做梦，一生结缘

人文学院　陈文芝

【导师简介】

刘强，人文学院教授，主要研究方向为魏晋南北朝文学与文化、先秦诸子经典、儒学与古典诗学、笔记小说等。近年来致力于传统文化经典的现代阐释与传播，已发表学术论文 150 余篇，出版著作近 20 部。

【作者简介】

陈文芝，人文学院 2020 届硕士毕业生。

注： 照片右四为刘强教授，左二为陈文芝。

刘强老师曾经以"一路好奇，一路结缘，一路做梦"来概括他的求学之路。其实，刘老师于我们，亦可以说是一种好奇，一起做梦，一生结缘。

一、一种好奇

记得研二上学期准备硕士学位论文开题，刘老师给了我一些选题参考，诸如赵翼《廿二史札记》之类，但都被当时"年少轻狂"的我一一否定。因为我对经史之学不感兴趣，一向留心于文学史与艺术史，老师便给我抛了个"艺话"的题目，并给我一周的期限完成相关文献的阅读和爬梳，写出一份文献综述和论文大纲。师兄听闻后幸灾乐祸地对我说："给你一个礼拜，刘老师就是想毙了你的题！"一周后我给老师发邮件交作业的时候提起这个事，老师的解释实在令人动容："兴趣是最好的老师，我会充分尊重你的选择。我让你一周完成大纲，并无故意刁难之意，我觉得以你的资质，完全可以快速完成一个课题的论证。"

不仅于我，刘老师对师门里的每个人，都抱持有最大的宽容和支持。老师的主要研究方向在于先秦儒学和魏晋南北朝文学，但我们师门里的硕博士学位论文选题却贯穿了中华上下五千年，其中不乏自己摸索出的选题，大多与个人的兴趣爱好相关。例如兰英师姐醉心于禅，以唐代禅诗为博士学位论文选题；晨晨师妹雅爱山水，便关注六朝小说中的山水书写……对于这些，老师都会给予最大的支持和鼓励，听师兄们说起，老师在指导论文的过程中，遇到自己不熟悉的领域，都会买书来看，为的是能多一点了解，给学生多一些支持。

因材施教、兴趣为师，刘老师通过对师门里每个同学的性情偏好、学业基础的观察和了解，为我们量身打造培养发展的方向和路径，无需成文，了然于胸。或许是我较早向老师表露了想要继续从事学术研究的想法，刘老师常交给我一些任务，在课堂之外锻炼我的学术能力。"不用怕，老师就陪在你身边。"老师在尊重学生兴趣基础之上的无限包容，在全力支持中蕴藏的苦心与期望，给了我秉持好奇心去探索未知世界的自由、勇气和安全感。

二、一起做梦

刘老师早年以"世说学引论"为题完成博士论文,其后约二十年,分别在文献整理、理论建构、文本新评、学术史梳理和社会普及等方面做了相关的研究和工作。《世说新语》是中国人的"智慧之书、性情之书、趣味之书",魏晋名士有着率直任诞、清俊通脱的超然风度。老师上课的时候,爱执一柄折扇,说到尽兴之处,顺手抖开,潇洒挥扬。老师身上最有魏晋风度的一点,便是爱酒。而且,比起独酌,老师更爱邀人共饮。

每次师门聚会,老师都会带来美酒,师兄们酒量好,能与老师畅饮。老师对同学不作要求,但若陪上一两盏,老师自是十分高兴。记得有次中秋,酒过三巡,兰英师姐叙及当年考博时老师的知遇之恩,不觉潸然泪下,说到动情之处,老师又饮了几杯,竟也跟着掉下泪来。次日晨起,宿醉方醒,老师写下了这样几句诗:"为师未敢称无隐,立道何尝在好谋。一度痴心欣进步,千年旧梦怅回头。"

"大梦谁先觉?平生我自知",老师二十余年"世说学"的如痴大梦,却因另一部经典的"勾引",渐复清醒。这部令老师念兹在兹、欲罢不能的经典,便是《论语》。从魏晋到先秦,从玄学到儒学,从老庄到孔孟,从自然到名教,这不仅是从对"情境"和"意境"的盘桓和迷恋转入对"理境"和"道境"的体贴和证悟,更是从对"自家事"的关注到对"大家事"的关怀。近十年来,老师出版了《论语新识》,以自己的学识与感悟,劝人读《论语》;又开办了"守中书院",教人学《论语》;还创办了公益"论语讲师群",每周固定时间云端准时开课。

在刘老师学术研究与教学推广的两条大脉络下,师门里的研究生也基本沿着这两条路径接受训练。在"国学经典进课堂"的教学活动中,我为小学生讲解了《千字文》和《论语》。在我看来,这是一段宝贵的锻炼经历,在学术领域中追求的是前沿的、专业的突破;但是在教学领域,我们要做的就是一种普遍化的传播,用通俗易懂的语言把经典讲给小朋友听。在这一过程中,我发现很多习焉不察的词语,值得进一步探究;一些孩子提出的问题,其实颇具深度;学术钻研与普及教学,说来并不矛盾。也就是在那个时候,我突然明白了刘老师为何要求要将经典"正背如流",所为"温故而知新,可以为师矣",正是在口传心授之中,成己成物,立己立人。

三、一生结缘

老师常言:"学缘不亚血缘亲。"老师与学生之间,究竟是什么样的缘分令彼此相遇?师生之间,真正相处的时光,不过学生在读的那几年而已,时光如梭,不免思之怅然。

学生毕业之后,家总要成,钱总要挣,奔走红尘,忙忙碌碌,又可记得曾是书生?但老师却经常在微信群中提醒我们:"大家每日一定要读书!即使毕业了,依旧要做一读书人,方不虚此生""新学年已经开启,无论校内校外的同学,都应继续努力,做一名永不毕业的老学生"。"永不毕业的老学生"不仅是老师对我们的期望,也是他对自己的鞭策,他曾经说过:"比起很多前辈老师,我自知还有很多不足:为学、为人、为师上皆未尽如意。我只是勉力而为,尽量做到想大家所想、急大家所急、学大家所学,仅此而已。"

"如果要说'宝',大家都是我的'宝',我尽量努力做好大家的'充电宝'",老师常常这样说。确实,我们都是老师的心头宝。每年的中秋节大约都在开学后不久,身处异乡的学子,很少有机会回家与亲人团聚,老师便邀请我们到他家中团聚。人还未到,老师和师母就已经准备好了丰盛的水果和零食,切好了月饼,泡好了茶,等着我们。客厅正中软软的沙发总是被我们几个女生占领,老师和师母反而坐在一旁的小椅子上,不是忙着为我们剥柚子和石榴,就是走进走出给我们找其他好吃的。老师曾经透露:"寒舍地促,不宜摆大宴,三人结伴,享受师母手艺概率较大,五人以上,移步附近饭店亦佳。在我,都是开心的,所谓无可无不可也!"每年中秋总是有十几人聚在老师的客厅中,吃完零食我们就移步附近的柴火饭店,照例点上一大桌子菜,老师在一旁说:"今天放开了吃,把减肥留到明天""吃饱了才有力气减肥"。

老师再忙,也不忘为我们安排这种仪式性的见面和聚会,给师生间、师门兄弟姐妹间提供交流的机会。老师和学生,其实是互相等待,学缘不亚血缘亲。个中况味,如人饮水,冷暖自知。至今我还记得刘老师的话:"我一直看好你,将来也一样!欢迎常回来看看!"而我,希望可以通过自己的努力,在未来被别人称赞说"真不愧是刘老师的学生"而不只是"哦,原来你是刘老师的学生"。

吾师朱元

中德学院 姜 维

【导师简介】

朱元，中德学院副教授，曾荣获同济大学"名课优师""我心目中的好导师"等称号。

【作者简介】

姜维，中德学院 2020 届硕士毕业生。

注：照片左一为朱元副教授，左二为姜维。

我与导师朱元之间的故事开始于大三下学期。一通电话，连结起了我和朱老师的师生缘分，也带给我了意想不到的人生转折。

当时的我正处于迷茫期，面对出国、保研还是工作的选择不知所措。一次偶然的机会，我抱着试试看的态度给朱老师打了一个电话，这是我和他的第一次接触，却丝毫没有陌生尴尬之感，相谈甚欢。朱老师和我在电话里聊了两个多小时，不仅和我聊了有关保研的问题，讲述了他的经验，还和我分享了他对于科研、生活的理解和看法。"这老师好热情、好健谈啊！"这是我对朱老师的第一印象。那通电话后，我慢慢理出了头绪，也明确了自己的志向所在。后来我就加入了朱元老师的实验室，成为他的学生。

来到同济大学，来到中德学院，我逐渐感受到了朱老师的严格和负责。

开学初，朱老师约我们每个人进行一对一谈话，结合每个人的学科基础和兴趣点详细制定了学期内每周的学习内容，要求我们每两周在组会上汇报一次学习进度。日程安排密密麻麻，一丝丝懈怠都是不容存在的。我们每个人都曾在北安跨线公交车上抱怨过科研生活的累和苦，但是每当在组会汇报中发现自己又进步了一点，感受到朱老师对同学们科研生涯严谨负责的态度，浮躁和疲倦的小情绪便一扫而空，取而代之的是下一个"两周"的干劲满满。

实验室里有许多学长在德国学习，虽然在德国有新的导师和培养计划，朱老师也仍然要求他们每个月汇报一次科研学习情况。"在同济，你是我的学生，在德国，你是我们实验室的脸面，不能让你们在外面丢脸。"简单的一句话，饱含着朱老师对每一个学生的关心和牵挂，也让每一个异国求学的学生感受到强烈的归属感。

近两年以来，要说最让我印象深刻的，莫过于朱老师对于实验室发展的用心与专注。在朱老师心里，实验室不仅是科研一线的重要场地，更是培养优秀科研人才的重要课堂。他敏锐地感知汽车电子发展方向，不断跟进汽车电子嵌入式开发的前沿，在接近零基础的情况下以AUTOSAR作为实验室重点攻克方向，从无到有，从弱到强，让汽车电机控制成为实验室的优势研究方向。期间强化了英飞凌联合实验室建设，建立起维克多汽车电子联合实验室，配置了国内高校最为齐全的AUTOSAR软硬件工具链，并编写了AUTOSAR软件开发流程的专著，为我们提供了丰富而扎实的锻炼平台。

实验室项目众多，时间紧张的时候朱老师就与我们在实验室同吃同睡，一起熬夜干活，手把手地教我们做实验。朱老师科研热情高涨、科研作风严谨，他的言传身教潜移默化地影响着我们每一名学生。在朱老师这位大家长的带领下，师门氛围温暖而上进，学生们都和朱老师有着深厚的感情，毕业后也都秉承着追求卓越的态度在各自的领域开拓出了一方自己的天地。

朱元老师一直以来脚踏实地科研，兢兢业业教学，给予每一个学生充分的关心和指导。得遇恩师，幸承其教，我为能得到这样一位好导师的指导而深怀感激，也为能加入这样一个温暖上进的师门而倍感荣幸。在朱老师指导下的点点滴滴，将化作宝贵的精神动力，引领我们执着向前。

我的 Super Supervisor

医学院　孟璐璐

【导师简介】

段涛，医学院教授，上海市第一妇婴保健院原院长，在诊断治疗各种妇产科疑难杂症方面具有丰富的临床经验。

【作者简介】

孟璐璐，医学院2019级博士研究生（硕博连读）。

注： 照片前排右二为段涛教授，前排右一为孟璐璐。

我的导师是超人，他有很多很多的身份，他是父亲、医生、学者、导师、网络大V、创业者。每一个身份，他都能用自己的行动将其诠释得尽善尽美。就是这样一位导师，一位我眼中的 super supervisor，他像灯塔一样，不论身在何处，总能不停地散发着光芒，照亮很多人脚下的路。

一、"先其需而行"

老师是医生，行医数年，慕名前来就医者比比皆是。老师也是妇产界的"网红"医生，秉持科学性、权威性、趣味性三大原则，及有温度、有情怀、有价值观的"段三有"精神，坚持每周撰写、发布两篇产科相关科普文章和一篇管理文章，是名副其实的网络大 V。他坐诊时常常对初诊的孕妇说："整个孕期你所想到的问题，我的微信公众号里都有。"在接触老师之前，我常常在想，这么忙碌的人，怎么可能有时间完成这样的工作？直到和老师上过门诊之后，我才找到了答案。

老师坐诊时，眼镜、笔、咖啡"三剑客"常伴左右，但最必不可少的是笔记本，这么多年来一直如此。老师坐诊时无不一一耐心解释说明，同时在笔记本上认真记录，常常两三天后就可以从公众号中看到同类问题的深度解答。几周前的一天，接连两个孕妇在我量子宫高度的时候说耻骨疼，我当时只是想到可能是因为自己手太重了，两天后老师竟然整理成了科普文章《怀孕生孩子那些事——耻骨联合分离》。老师从解剖学、内分泌的角度讲解了孕期耻骨疼痛的原因，以及如何缓解、严重时该如何处理。比起泛泛的语言安慰，这样严谨的科普更有利于缓解孕妇们的不安。这样的事情此后一直不断地发生，我也慢慢明白了老师公众号推文高产的原因。

"To cure sometimes, to relieve often, to comfort always（有时治愈，常常帮助，总是安慰）。"医生承担着生命托付的责任，做一个好医生，不仅要有专业技术，更要有温度和情怀，才能赢得患者的尊重和信任。孕产妇的问题大到涉及胎儿和母亲的安危，小到影响产妇孕期的吃、喝、睡、行，导师将日常遇到的新情况、新问题及时整理、解答，形成推文并在微信公众号中发布，不仅分享了咨询内容和专业的解答，更给予了脆弱时期的孕妈妈们最强的安全感和最大的抚慰。"推文更新时间早一天，也许就能赶在患者的需要前面。"老师教会我的是：倾听患者的声音，先其需而行。

二、"留心皆学问"

老师是教授，治学严谨，主持过大大小小的科研课题无数。关于做学问的点滴心得，老师喜欢用"留心皆学问"来总结。

每周二跟段老师出门诊是我非常期待的事情，门诊是妈妈们的产检中心，也是我的临床课堂，我跟随老师在旁边学习，用耳去听，用笔去记，用心去体会。来段老师门诊的病人大多都是有备而来的，她们坐在椅子上第一件事就是打开手机里做好的功课，开始逐个提问：我怀孕呕吐怎么办？能不能缓解便秘？怀孕还能吃火锅吗？我的宝宝会不会腿短？面对患者的"猛烈进攻"，老师总是从容一笑，耐心解答。老师会记下来一些有趣的提问、罕见的情况，可能某一点就成了老师下一个研究的方向。

老师常说，确定科研方向有两个关键点。第一，做科学研究的前提是要实事求是，对现有的研究条件和资源要有清楚的认知，选择的研究方向最好能整合身边的临床和实验室资源。例如想做早产的研究，首先得看自己医院里有没有足够的早产病人数量，能否收集到足够的临床数据和样本。第二，要善于借助团队的力量。一个人从头摸索是很困难的，是经常要走弯路的，临床和研究经验丰富的团队会让你很快进入状态，避免很多麻烦。

"Idea is cheap, resources and execution are important（创意廉价，关键在于执行落实）。如果没有临床资源和实验室资源，只有想法，科学研究的设计是很难落地执行的。"如何做好的科研？老师教会我的是：留心皆学问，须善假于物也。

三、"润物细无声"

老师弟子众多，虽不能比于孔子三千之众，但也足以用"团"作为单位。老师幽默地说他的学生有点"超生"，生了很多，却顾不上带。但是实际上他对我们的关切并不少。刚开学的时候，段老师整理了一篇"如何设计科研课题"的文章发在师门微信群里,他说:"我平时很忙,但是我会尽力以各种形式给你们指导。"文章很长,涵盖的内容很多,包括如何看文献,如何设计课题,基本的研究方法,如何向导师汇报,等等,我足足看了三遍。段老师用简单精炼的文字告诉我们该怎样做科研,他说研究生阶段不能一口吃成胖子,一下子就发出大文章,要先学会基础的实验方法,熟悉从设计课题到投稿的步骤。这是我步入研究生阶段的第一课,让我记忆深刻。

还记得2018年秋开题在即,当时的我急于求成,想选一个"短平快"的题目作为研究课题,老师看出了我的焦虑,但也只是提出了具体的修改意见,没有多说什么。傍晚时分,我看到老师的公众号更新了一篇推文,其中有这样一句话:"优秀的临床医生不是一天炼成的,对于年轻医生来讲,你得耐得住寂寞,守得住初心,留得住匠心,才能修成正果。"看到这里,我感到耳朵一阵发烫,即刻反思自己求学的初心,并开始重新斟酌探索新的研究方向。看到学生的不足,老师会轻轻点拨,对于有出色表现的弟子们,老师也会邀请其一起共进火锅作为小小奖励。我们都戏称这是SCI味道的火锅,并默默为吃上火锅而努力。

老师常常是春风化雨,润物无声,时刻用言行影响着我们。有次去办公室找老师签字,发现老师在认真阅读文献,文献上满满的都是批注和笔记。我惊呆了,老师说:"知识不能总停留在过去,不然就跟不上医学的脚步。"那时候我感受到"生命不止,学习无境"的道理。大师还在努力更新自己的知识库,我们又怎能停下脚步?

段老师作为医生,竭尽所能帮助孕产妇人群,筑其健康之完美;作为学者,处处留心皆学问,从细节出发探索着新的研究方向;作为老师,将自己所知所学倾心相注,关心和呵护着年轻医生的学习和成长。在老师身边短短几年的时间,所学之处甚多,老师风趣幽默的性格、严谨的治学态度也在潜移默化地影响着我,谨以此文做二三叙述以表感激。

经师易遇，人师亦难得

上海国际知识产权学院　宋　健

【导师简介】

宋晓亭，上海国际知识产权学院教授，曾在美国孟菲斯大学法学院、德国洪堡大学法学院、比利时自由大学法学院、德国马克斯布朗克创新与竞争研究所做访问学者。长期致力于知识产权法、医药卫生法、知识产权管理等领域的教学与研究，主持国家社会科学基金重大项目等多个科研项目。

【作者简介】

宋健，上海国际知识产权学院2022届博士毕业生。

注：照片左二为宋晓亭教授，左三为宋健。

在 2015 年天高云淡的九月秋空下，我步入同济大学校园，攻读法学博士学位，师从知识产权界的知名学者宋晓亭教授。几载求学岁月，宋老师秉持"传道受业解惑"的师者信条，给予我耐心细致、孜孜不倦的教诲，使我感慨良多、获益匪浅。

由宋老师创建的导学团队微信群名称为"读书、行路、交友、思考"。"读书"和"行路"排在了最前。宋老师常常教育我们说："古人云，读万卷书，不如行万里路。而放在今天来看，我们既要读万卷书，又要行万里路。"

所谓"读书"，很容易理解，就是要从书中或者文章中学习知识、领悟观点、开拓视野、启发思维。而"行路"，则是宋老师常常挂在嘴边的信条。正如宋老师的个人微信昵称——"行天下路"。他认为，我们作为人文社会科学的研究人员，不能闭门造车，而要多出去走走、看看，在探索中立足于实际，在碰撞里交汇出文化，让思想在理论的土壤里茁壮生长，让研究成果的花朵盛开在繁茂的枝干上。

数千次日月轮换，三载求学旅途，一步一个脚印，跟随着宋老师，我的足迹烙印在半片祖国大地上。我参加过大师云集的学术会议，也前往一线进行过基层调研；我去过车水马龙的城市，也涉足过朴素贫瘠的农村。2016 年、2017 年暑期，我曾两次赴四川省成都市调研中医药企业、中医医院，思考中医药立法问题；2018 年暑期，我前往海南省调研传统文化，思考关于传统文化的知识产权保护问题。此外，我还曾两次跟随宋老师远赴大洋彼岸，参加国际研究生论坛。读研期间的这一段段经历，增加了我的知识厚度，开拓了我的视野宽度，也令我深深感受到宋老师的智慧无穷。

自入学至今，宋老师严格敬业的态度丝毫未改。"勤学勤思，永不懈怠，坚持不懈"，这既是宋老师对于学生的期望，也是他为我们定下的治学准则。

宋老师身体力行地践行着一丝不苟的授业和治学原则。我常常从与宋老师相处的一件件小事中感知到他对于学术的热忱和严谨。就拿每周的研究生组会来说，宋老师会认真地指导每一名学生的科研工作，在讲解之余督促我们不要懈怠。宋老师甚至在出差的时候也不忘钻研学术，无论是在候车室或者候机厅里，还是在高铁或者飞机上，都能发现宋老师对着电脑进行研究的身影。我们博士生的工作室和导师的办公室在同一层楼，每一个晚上，不管是周末还是节假日，经常会看到导师办公室里迟迟不熄的灯光。宋老师是我心中的一颗启明星，散发着敬业奉献的光，照亮了我求学前行的路。

在督促我们严谨认真的同时，宋老师也经常强调问题意识对于学术研究的重要性。宋老师认为，一切研究要以问题为导向。他鼓励我们要多讨论、多思考。为此他建立了硕士生、博士生一起参加的"大组会"制度和博士生"小组会"制度，以此来教导和督促我们勤于动脑、勤于思考、勤于交流，在思维和观点的碰撞中发现问题、解决问题。"勤学""勤思"是宋老师在我身上打下的烙印。

众所周知，博士生的科研之路任重道远，在博士二年级的一段时间里，我因为科研压力很大、研究进展缓慢，产生了严重的怀疑和焦虑情绪。在这个时候，宋老师对我伸出了援手，进行了心理疏导，指出了未来努力的方向，使我的灰暗世界里照进了一道光芒。在宋老师如父辈般慈爱的关怀下，经过慢慢的调整，我的焦虑不安的情绪逐渐缓解，也重拾自信，调整状态，坚定启程。

除了对我的关怀之外，宋老师对组内的每一个学生都一视同仁，关怀备至。每当有同学在学习上遇到困难，宋老师总会第一时间约其到办公室，给予其帮助和鼓励；有同学生病了或身体不适，宋老师也都会第一时间送去问候和关心，帮助同学调整状态、继续回到科研轨道上来。宋老师既是恩师，也是慈父，在追求学术的道路上，宋老师一路为我们保驾护航。

时光匆匆，来去无踪。师者苦心，每当我瞥见宋老师青丝间又染霜华，我都不禁感慨万千。辛辛苦苦、勤勤恳恳、兢兢业业、堂堂正正，恩师所行，终生不忘。作为学子的我们，更应不断努力学习、积极进取，增长本领、丰富羽翼，为实现中华民族伟大复兴的中国梦贡献力量。唯有如此，方可不负恩师，不负母校。

身体力行，无问西东

电子与信息工程学院　赵思博

【导师简介】

尹学锋，电子与信息工程学院教授，研究方向为电波传播特征、参数化估计、雷达与感知、基于人工智能的特征提取与识别。现承担多门全英文本科与研究生课程的教授工作，负责的"电磁场与电磁波"本科课程于2013年获批上海高校示范性全英语课程建设项目，2016年获得上海市示范性课程称号。曾获同济大学青年教师讲课竞赛和外语授课专业课程竞赛一等奖，同济大学育才教育奖励金二等奖。

【作者简介】

赵思博，电子与信息工程学院2019级博士研究生。

注：照片右六为尹学锋教授，左二为赵思博。

看完电影《无问西东》的那晚，我思绪万千，久久难以入眠。电影谱写出四个青春故事，营造出青春接力传承之感，让人仿佛置身于跨越时空的旅行。其中有一幕故事情节：民国时期的吴岭澜在面临选择学科的迷茫时，校长对他说："人把自己置身于忙碌当中，有一种麻木的踏实，但丧失了真实""你看到什么，你听到什么，做什么，和谁在一起，有一种从心灵深处满溢出来的不懊悔也不羞耻的平和与喜悦"。这让我回忆起本科时与尹老师初次见面的场景。

那时我刚大二，是一个只接触过基础性课程的"小白"，没有任何参与专业项目的经历。与尹老师的相识缘于一次机缘，当时我计划和同学一起申请全国大学生创新项目，尹老师又是相关研究领域的专家，于是想邀请他做我们项目的指导老师，便鼓足勇气找到了尹老师。当时我对尹老师所专注的"信道"不甚了解，只是隐约觉得这个领域神秘艰深且有极高的专业性，对于自己的研究方向也丝毫没有头绪。

回忆起与尹老师初见时的情景，他给人的第一印象正如他的微信头像，温文尔雅，嘴角浅浅的酒窝流露出一份纯粹和纯真。他是个温柔细致的人，在见面时他似乎看出了我的不安，指着旁边的沙发，笑着说："来，坐这，离近一些，和我面对面，这样比较好讲话。"在尹老师鼓励下，我表露了自己在选择项目方向上的迷茫与困惑，尹老师通过简短而又明晰的介绍，让我明白了"信道"领域究竟是在做什么，他又进一步了解了我的兴趣和专长，引领我发现自身与项目方向的契合之处，给足我起航的动力和信心。

后来，我听从内心，逐步探索和发掘自己的兴趣点，一步一步了解测试设备、学习测量方法、实地参与测试、分析测量数据，第一个国创项目在首届同济大学创新创业论坛中取得佳绩。回想整个项目过程，并不能用"顺利"二字形容，紧张忙碌但并不"麻木"，尹老师温雅的解惑赋予我平和的心境和了解自身潜质的喜悦，团队团结互助的氛围让我的心灵深处满溢出"不悔"，这可谓是一段"真实"的经历了吧。

也正是这段"真实"的经历,让我暗下决心本科毕业后要在"信道"这一方向上继续做研究,很幸运,研究生阶段我顺利"转正",成为尹老师课题组的一名成员。在此之后,我也更加深切地感受到尹老师与我们相处中的身体力行和刻苦严谨。

2018年年底,学校图书馆、材料馆和电信楼组成的"魔鬼三角"路口间的风日益凛冽。我们课题组的一个项目进入了实测阶段,设备沉重而复杂,需要在电信楼的天台架设信号发射端,而采集测量信号的接收端则需要遍布图书馆外围由近及远的15个采集点,每个点完整地采集一组数据需要将近50分钟,期间转场移动和调整的时间也不容小觑。

这次测量是真正意义上的"全家总动员",现场每时每刻都需要有人值守,以应对各种可能出现的问题。这也是我们课题组一直以来传承的处事方式,大家虽然各有专注的领域,却始终紧密地团结在一起,每个人既是参与者,也是促进者。傍晚的时候,尹老师开着实验室那辆稍显破旧的测试车,停在图书馆门前,拉开车门向我们招手:"我给你们带了喝的,快来。"之后尹老师一直守在测量现场没有离开过。测量的设备比较庞大,每挪动一个点都需要三四个人配合,尹老师没有站在一旁挽着袖子只顾指挥,而是不断做着我们的"替补"和"辅助"。时至深夜,大家都感到困倦、疲乏、饥饿交织,便有了凌晨和导师一起在图书馆旁边啃炸鸡外卖的"记忆"。测量持续到了第二天的清晨,结束的时候还看见了鱼肚白的天空中划过流星,留下了一道颇为清晰的尾迹。

测量工作事实上是一项非常艰巨的任务,从前期密集的测量方案讨论到中期测量系统的搭建和设备调试,直至最终时时刻刻紧绷神经的实际测量,没有足够强大的战斗力是完成不了这样的任务的。但在与尹老师的相处中,我发现类似的测量活动不过是尹老师极为普通的日常,他以身体力行让我们逐渐体会到刻苦严谨的意义。

时代波涛轮换,精神历久弥新。西南联大的时代转眼已经过去了七十余年,但我依然能够感受到尹老师身上散发着些许与那时的前辈相似的理想主义气息。解惑多温雅，躬行不辞辛，在和尹老师相处的点滴之间我逐渐明白，我们虽然无法成为战乱时期以身报国之人，但可以成为和平年代致力科学强国之人。爱我所爱，行我所行，听从我心，无问西东。

陪伴我读研的两个"小物件儿"

电子与信息工程学院 李 迅

【导师简介】

王超,电子与信息工程学院教授,主要研究方向包括无线网络通信与信号处理、智能网联汽车通信、人工智能与智慧城市数据分析等。

【作者简介】

李迅,电子与信息工程学院2020届硕士毕业生。

注: 照片右一为王超教授,右二为李迅。

有两个"小物件儿"陪伴我走过整个研究生阶段,一个是老师办公室的灯,另外一个是老师送给我的笔记本。它们都是平凡的物品,但于我而言却有着不平凡的意义,与它们相关的那些人和事,都深深地扎根在我的记忆里。

老师办公室的灯,无数个深夜默默陪伴我和老师讨论问题,是老师以身作则、为我们树立榜样的缩影。研究生入学不久一个深夜发生的事,令我记忆犹新。那天晚上十点左右,我正在实验室美滋滋地看着娱乐节目,微信提示音"叮"地一声响起,是王老师发来的消息:"李迅,还在实验室吗？来一下我办公室。"第二天就是周末了，大多数老师的办公室早已关灯锁门。收到老师的消息，我心里非常疑惑："都这个点儿了，王老师怎么还待在办公室？"虽然不舍得暂停轻松搞笑的娱乐节目，但无奈迫于老师的"威严"，我还是悻悻地走到老师办公室门口。

  我敲开门，老师率先开口："昨天给你布置的论文，看得怎么样了？现阶段你自己看估计会有些吃力，我带你先梳理一遍吧，这样你推导起来也会轻松一些。"听到这话，我有点"后悔"刚才没回复说我已经回宿舍了，无奈之下只能硬着头皮坐下听老师梳理论文。在探讨论文的过程中，我发现老师办公室的灯既温暖又明亮，加之老师生动透彻的讲解，我竟丝毫不感到困倦，慢慢地我逐渐忘却了开始的不情愿，不知不觉和老师讨论到深夜十一点多。从办公室回来，我又整理了一会儿笔记，直到离开实验室时，老师办公室的灯依然亮着。

  随着与老师接触得越来越多，我发现上述情景并非偶然，而是经常。经常，在晚上九点、十点，老师还在同我们开组会、给我们指导论文；经常，在就餐时间，老师为我们订好外卖，一边吃饭一边了解我们的近况；经常，在我晚上离开实验室的时候，发现老师办公室的灯还亮着，不出意外的话，老师应该还在工作吧。在高强度的科研工作压力下，每当我想要放弃、想要偷懒时，只要想起老师办公室这盏灯，我就拥有了坚持前行的动力。

  在研究生生活正式开始之前，老师送给我一个笔记本，并嘱咐我可以把自己的研究工作、难点问题、摘抄等都写在上面。时光荏苒，老师交给我的笔记本慢慢变厚，已不再是最初崭新的样子，就像最初茫然无知的我，在老师的指导下，已慢慢沉淀，学有所长。

  翻开笔记本，里面每一页基本都会有黑、红两种颜色交错的笔迹，这可谓是我们的师门特色。老师讲解问题时的标配就是两支笔，一支红笔，一支黑笔。为了让我们听懂，老师通常会用黑笔画好示意图，从基本的定理讲解起公式的来历、原理和意义，并时不时地停下来问我们有没有听懂。

如果没有听懂，他会用红色笔圈起来，继续深入一点讲解，直到我们真的明白了这一公式，才继续往问题里面加条件，让问题由浅入深，循序渐进。

这本笔记本里的每一页、每句话、每张图，都记录着我与老师的一次次探讨，翻看笔记本中的内容，与王老师相处的点点滴滴浮现在我眼前。从单天线系统到多天线系统，笔记本记录着错误概率的错综复杂；从分集增益到复用增益，多少次重复才渐渐清晰；从天线选择到中继选择，刻画着尝试的喜悦和不可解的无奈；从正交系统到非正交系统，一笔笔记录着问题求解的艰辛；从直传到中继传输，多少次跳跃才抵达终点……从当下放眼未来，所有记录都将是成长的积淀。在接下来的科研学习中，笔记本还会继续慢慢变厚，一毫一厘地增加，都会无声地记录下老师对我倾注的无私的关爱。

我的老师，不要求我们为他分担工作，却甘心随时随地为我们提供指导；不计较个人的名利得失，在教师岗位上辛勤工作、无私奉献；不愿意稀里糊涂地对待学术，对于任何问题总是追根究底，通晓其理、明白其义。在老师两年多的悉心指导下，我自觉获取的多、贡献的少，而老师总是在学术上督促、鞭策，从心底里希望自己的学生成长进步。有师如此，研无憾矣。

我的"导航卫星"导师

测绘与地理信息学院 聂宇锋

【导师简介】

沈云中,测绘与地理信息学院教授。从事大地测量数据处理,GNSS卫星定位,卫星重力反演研究。

【作者简介】

聂宇锋,测绘与地理信息学院2017级博士研究生(直博)。

注: 照片右一为沈云中教授,右二为聂宇锋。

如果用一个名词来形容我的导师,那么沈老师就是我的"导航卫星",在失意时给予我鼓励,在得意时给予我鞭策,不断调整着我的心态,引领着我朝着正确的方向前进。

一、一丝不苟地对待上课这件事

我与沈老师的初遇是在大三下学期的"空间大地测量"课上，在此之前仅从别的授课老师口中听闻过他的名字，知道他在大地测量数据处理和卫星重力反演领域造诣深厚。本以为他会十分严肃、不苟言笑，但在听过他所讲授的课程后才知道他是一位充满活力、不乏风趣的老师。沈老师讲课时声音洪亮、富有激情，能够把晦涩难懂的理论讲得通俗易懂。夏末的上海闷热潮湿，他在讲台上十分投入地讲解，在黑板上细致地推演，讲到激动时额头上流下汗水，他便掏出口袋里的白色毛巾擦擦汗，然后接着向我们传授地球重力场的奥妙。一堂课下来，沈老师后背被汗水浸湿，手上也满是粉笔灰。

当时的我对于卫星重力反演的相关理论一无所知，但在沈老师生动的讲解下觉得这是非常神奇的理论，它能够通过两颗卫星来反映地球重力场的变化，进而反映南极冰川的消融和全球海平面的上升等一系列气候变化问题。在我的印象里，沈老师非常重视教师传道受业的本职工作，一丝不苟地对待给学生上课这件事，精心准备课件和讲义，每次上课前都会认真翻看当堂课的内容。一次课后，我发邮件向沈老师请教一些基础问题，他认真回复了我的邮件并向我推荐了相关参考书目，我将书目打印下来，开始啃这些"天书"，这也是我对于卫星重力领域最早的接触和认知来源。大四上学期，我获得了学院的保研资格，便马上发邮件给沈老师询问是否可以跟着他读博士，研究卫星重力反演，他回复我说"欢迎你"，这短短的三个字，开启了我与沈老师多年的师徒之旅。

二、做研究一定要创新、要严谨

在科研上，沈老师用实际行动为我们树立了一名严谨、创新学者的榜样。

他常常教导我们，所做的研究要有创新点，哪怕只有一点，不然就只是重复别人的内容，仅能算作一个练习而已。他还常常告诉我们几乎没有一篇论文是完美的，做科研要怀有批判精神，在读任何一篇文献时，不仅要学习它的理论方法，更重要的是要发现它所存在的问题和不足，读文献要培养的是自己的批判性思维。

沈老师还非常强调科研的严谨性，无论是公式推导还是实验设计，抑或是论文的框架结构和最终结果，他都要求我们做到逻辑通顺、书写规范。印象很深的一件事情是，有次我拿着订书针打歪了的开题计划书找他签字，我觉得虽然难看但无伤大雅，他看到后却指出来让我重新装订。沈老师常挂在嘴边的话是："做的东西要自己感到满意再给别人看，如果自己都不满意，何谈别人？"这让我想起了他准备大大小小各项材料，无论是论文、报告还是项目申请书，都能做到一丝不苟，让人看起来赏心悦目。在他的熏陶下，我也渐渐地开始严格要求自己，在科研时提醒自己要争取达到能力范围内的最高标准。

三、遇到困难并不是什么坏事情

在学术研究中，沈老师的关心和指导让我在科研的道路上更加自信。

在开始阶段，我的科研并不顺利，计算的结果达不到要求，投稿的论文也接连被拒稿，情绪低落，那是一段令我感到"昏暗"的日子。一次午后校园散步，我遇到了沈老师，向他说起了自己的困惑和失落，沈老师听后拍拍我的肩膀说："小伙子，这并不是什么坏事情，这可以让你早些面对科研上的困难，科研上你有什么困难要及时反馈给我。"现在想来，正是那段郁闷的时间，让我真正静下心来去思考自己在专业知识上的不足，也让我第一次学会冷静地面对科研中遇到的困难，这些都离不开沈老师对我的悉心指导与点拨。

2018年，我前往德国慕尼黑工业大学参加学术会议，那是我第一次在国际会议上作英文报告。正式报告的前一天，沈老师叫我到他那试讲，我因为准备不充分，支支吾吾，几次无法进行下去，只能用笑声来掩饰尴尬。沈老师严肃地对我说："不要笑，回房间好好准备！认真对待，要做到逻辑清晰，突出重点。"我回到房间后，按照沈老师所说的，仔细思考了整个报告的逻辑和每一张幻灯片所要突出的要点，自己又完整地练习了好几遍。第二天早晨去会场前，沈老师让我再去他那试讲，并又给我提出了一些建议。正是由于沈老师的几番指导，我的第一次英文报告才没有"出洋相"，甚至还获得了国外专家的认可。会后，沈老师向国外的教授介绍我，并推荐我到斯图加特大学进行学术交流。在沈老师的支持下，2019年我通过DAAD项目前往斯图加特大学大地测量所开展学术访问。

在与沈老师的日常相处中，我从他身上看到了一位好老师、好学者的品格与风范，更感受到了浓浓的师生情谊。沈老师一直为学生的发展考虑，教导我们如何成为严谨、创新的科研工作者，将立德树人作为使命，这就是我的导师——同济大学测绘与地理信息学院沈云中教授。沈老师，感恩遇到您，希望在您的带领下，将来我也能成为一名"将论文写在大地上"的优秀科研工作者。

她是人间四月天

职业技术教育学院　尚美华　王可欣　吴扬　陈慧梅　马方慧

【导师简介】

谢莉花，哲学博士，职业技术教育学院副教授、硕士生导师。主要从事职业能力、职业教育课程与教学和职教教师教育研究。入选同济大学青年英才计划，曾获"我心中的好导师"春风化雨奖等。

【作者简介】

尚美华，职业技术教育学院2019届硕士毕业生；王可欣，职业技术教育学院2020级硕士研究生；吴扬，职业技术教育学院2022届硕士毕业生；陈慧梅，职业技术教育学院2021届硕士毕业生；马方慧，职业技术教育学院2020级硕士研究生。

注： 照片右四为谢莉花副教授，左四为尚美华，右三为吴扬，右一为陈慧梅。

谢莉花老师于我们而言，是师长，是朋友，是亲人；是爱，是暖，是希望。每每想起她带领我们走进学术的大门，又一步步放手让我们自由成长，总会有一丝暖意涌上心头。从谢老师的身上，我们总能汲取到砥砺奋进的精神力量。当我们陷入浮躁、沮丧、颓废、绝望时，脑海中一旦浮现谢老师的身影，焦灼的心就能平静起来，温馨与安宁复又填满心间。人的一生会遇到很多人，有些人，不过是萍水之交，一旦告别，彼此的生活便再无交集；有些人却会在我们的心里永久地生根发芽，每每念及，总会心头一热。在我们眼中，谢老师就是值得我们终生感恩、牵挂的人，她是人间的四月天，无论处何季、置何地，总让人有一种如沐春风之感；她是我们心中的好导师，无论奔何方、赴何处，她的教诲之语始终澄澈心湖。

一、执着而坚韧，学海泛舟甘如饴

谢老师一直秉持认真严谨的学术态度，对职业教育研究有极大的热忱和极高的学习力，十多年来一直从事职业教育领域的相关研究。谢老师课题组的每一个成员，在初入师门时都被谢老师深夜还在课题研究小组的微信群里分享学术资料的刻苦与专注精神打动，我们与同学们常常感叹，这么晚了，谢老师竟然还在钻研学术！后来逐渐了解到，谢老师白天忙于教学、研究、学院工作，繁忙之余，仍坚持在深夜和清晨挤出一些时间来看论文、做研究。这使我们肃然起敬并感到一丝羞愧，作为研究生，我们钻研学术的拼劲儿竟然还不如工作忙碌的导师；作为学术基础薄弱的科研新手，我们对前沿成果的求知热情、对学界新知的学习内驱力也远远比不上学术素养已颇为深厚的导师。在导师的言传身教下，整个师门学风良好，我们也逐渐做到了"熟读精思、虚心涵泳"，并"着紧用力，居敬持志"，以期不负韶华，充实高效地度过研究生生涯。

此外，对于学术研究，谢老师总会充分利用各方学习资源来拓展自身的学习渠道，积极参加国内外各类学术论坛活动，时刻保持一颗谦虚好学之心，勤学习、勤思考、勤总结。一旦有相关研究会议召开，她不仅会在第一时间告知我们最新的会议资讯，自己也会悉心准备和积极参与，一丝不苟地做好记录，并在会议结束后专门抽出时间向我们分享、与我们交流。研究小组微信群里总会出现她收集整理好的优秀研究成果，这对我们学术素养的积淀、科研视野的开阔大有裨益。谢老师对学术的孜孜追求让我们动容。钱理群曾说，学者的人与学术之间是有一种深刻的内在联系的。或许正因谢老师在为人上拥有纯粹的本性，在科研上怀有赤子之心，在意志上抱有不怕苦不怕难的精神，所以即便学术之路是场苦行僧的修行，前路长途漫漫，但她仍能怀有上下求索之心，在职业教育领域十年如一日地沉潜。

春风化雨，润物无声。谢老师的学术情怀、研究热情和不辞辛苦的韧劲就像这样的春风，在我们的心中播下了科研的种子，严谨与求实不断萌芽、生长，直至长成参天大树。

二、温柔且坚定，谆谆育人细无声

"师者，所以传道受业解惑也。"谢老师对学生有高度的责任感，善于启发和指导学生自主学习和思考钻研。她的课堂鲜活、充实而饱满，闪烁着理性的光芒。谢老师总能及时将学术研究的前沿成果引入课程，使更新后的课程内容体现前沿性与时代性，以便向学生传授最新鲜的知识，并且乐于与学生交流分享经验，开展学科讨论。也得益于此，谢老师负责的"教育与职业"等课程年年讲年年新，选课者和旁听者遍及校内多个学院多个专业。她的课堂深入浅出、循循善诱，善于发现和调动学生的潜能，就像一个引路人，带给学生不断向前攻克学术难关的信心和动力，启发学生对研究问题进行更深入的思考。在肯定之余，她也会严谨地指出我们的不足之处，和我们一起思考解决方法，也总能发现我们一点一滴的进步，温柔地给予我们表扬和鼓励。与谢老师交流，我们没有紧张和害怕，取而代之的是舒心、知足和循序渐进式的成长。

刚进入研究生阶段，师门大部分人对于什么是学术研究还懵懵懂懂，每天除了按部就班地上课，就只会毫无头绪地看些杂七杂八的资料，想做些研究，却又不知如何下手。我们的焦灼在谢老师面前表露无遗，她结合我们各自的学科背景和科研兴趣，为每个人指引了一个研究方向。为了加强师门内部的学习交流，谢老师定期组织举办读书会或科研交流会，耐心地教给我们阅读文献、撰写综述的方法和要点，并鼓励每个同学自主学习思考和探讨交流。除了学术上的谆谆教诲，谢老师对于学生的科研论文的反馈也十分及时。每当我们将一篇论文或者报告发给老师评阅时，她总能在很短的时间内修改好并给予中肯的反馈，我们一致认为谢老师是"效率高的人中效率最高的"。在她的鼓励和引导下，师门的学术氛围日益浓厚，多名学生陆续发表 CSSCI 或北大核心期刊论文，获得国家奖学金、"上海市优秀毕业生"称号等荣誉，并在毕业后仍积极从事职业教育相关领域的工作。

三、支持并尊重，殷殷关切似友亲

"你是人间的四月天；笑响点亮了四面风"。谢老师何尝不是如此呢？她就是那旖旎芳菲的四月天，给予我们温暖、希望和憧憬，不仅助力我们冲破科研路上的磕磕绊绊，也与我们一道携手整理生活中的"一地鸡毛"，并最终把它扎成了漂亮的"鸡毛掸子"。

从入学之初，谢老师就事无巨细地帮助我们解决生活中出现的各种问题，给予我们正面的指引。开组会时总会逐一了解我们的近况，时刻关注我们的身体健康情况和心理状态。对于研一的学生，谢老师会关切地询问其对学校与学习适应情况，并根据每个人的情况确定其人才培养计划与未来的毕业论文方向。比如对于本科是外语专业的学生，就会建议其尽量考虑国际比较方面的选题；对于本科是工科专业的学生，则会指导其选择职业教育课程与教学方面的研究方向；对于本科为师范教育相关专业的学生，会更偏重于交给其职教教师教育的研究任务。对于研二的学生来说，开题答辩与实习是重点，谢老师会悉心指导每个学生的开题报告与中期考核，并在学生提出实习需求时尽力解决。师门曾有学生研二时赴德国交流,谢老师体贴地赠送了一本教育学相关的德语图书以供其学习,并在兑换外币、办理签证等事项上积极为其排忧解难。对于研三的准毕业生,就业方向选择或升学考核是头等大事,谢老师也会根据每个人的自身兴趣、未来发展期望提出宝贵而有益的建议,并尽自己所能为学生提供就业或升学资源。除此之外,师门每年都会定期组织聚餐,大家一起交流生活、学习、工作的近况,我们齐聚在这样一个温暖有爱的大家庭,彼此的感情都非常深厚。

漫漫求学路,得一恩师,此生幸也!谢老师如人间四月天一样,给我们以爱,以温暖,并且为我们的人生指明了道路,带来了希望。她是我们心中的好导师,更是我们学习的不二典范。

半亩花田满芳华

外国语学院　陈颖莹

【导师简介】

王蓓蕾，外国语学院副教授，作为核心成员曾获教育部基础教育成果奖一项、上海市基础教育成果奖二项、上海市教育科学研究和高等教学成果奖各一项。

【作者简介】

陈颖莹，外国语学院2020届硕士毕业生。

注： 照片左三为王蓓蕾副教授，右一为陈颖莹。

想来每个研究生在入学前都会好奇地猜测自己的导师会是什么样的人，我也不例外。在入学前的暑假，从学校官网上得知自己的导师是王蓓蕾老师后，我便怀着忐忑又期待的心情查找了她的资料。终于，在九月下旬的报到日，我在同文楼的办公室里见到了她。那天阳光明媚却并不炽热，天空虽然不似北方的天高云淡，却也蔚蓝清澈，我那些局促与忐忑的情绪也都随着与王老师的会面而烟消云散。她认真严谨，热爱学术，温柔善良，尊重学生的成长和发展，给我的研究生生涯增添了许多欢乐与温馨，我们都亲切地称呼她"蓓蕾老师"。

像一座苍劲高山般正直威严，却也似涓涓清泉细腻润物，蓓蕾老师不仅是我们的学术标杆，更是因材施教，循循善诱的良师益友。

研究生阶段的学习和本科阶段有很大不同，蓓蕾老师通过两周一次的研讨，指导我们如何搜索和阅读文献，还贴心地为我们列出书单，但并不强求我们在某个时间段内必须读完，而是让我们从自身兴趣出发，有选择性地阅读这些书目，她常常讲："这些只是我的个人建议，你们也可以根据自己的兴趣和特长去做。"

蓓蕾老师常带我到上海市英语教育教学研究基地参加学术讲座和专家研讨。在研一上学期的期末，蓓蕾老师问我是否愿意去参加二语习得领域的国际著名专家罗德·埃利斯（Rod Ellis）教授的研讨会，交流自己的研究设想和论文。作为刚入学一学期的硕士生，我在外语教学研究方面刚刚入门，因此心里没底，也担心给导师丢脸，所以便找借口拒绝了。

蓓蕾老师似乎看透了我的小心思，鼓励我说："这样的机会非常难得，你可以把自己写得比较好的课程论文拿出来，开学后我们见面详细研讨、一起打磨，然后再听听专家的意见。"好，那就逼自己一把吧。就这样，我硬着头皮更新数据、丰富文献，经过近两个月的疯狂充电，我的报告得到了埃利斯教授的认可。

很多人文社科专业的同学常会觉得自己读研期间并无太多长进，而我却清晰地感受到自己的成长。刚开始听本专业相关的学术讲座，我常感到生涩而困倦，特别是外籍专家的讲座，常常听着听着就神游、犯困，然后被大家的掌声唤醒。但后来，我发现我渐渐可以跟上讲座专家的思路，融入讲座，再到现在，在讲座问答环节能够向专家提问、与专家互动，并且在活动结束后可以和蓓蕾老师、师姐做相关讨论，这让我感到收获颇丰，欣喜不已。

蓓蕾老师就像是一位知心好友，会为我们出主意、提建议，教授我们为人处世之道，但也不忘说这只是她的看法，仅供参考。就像外语教学里的支架式教学（scaffolding instruction），蓓蕾老师在为学生提供充足的学习资源和发展机会的基础上，尊重学生的选择和兴趣，给予我们无限成长发展的可能性。

蓓蕾老师也用行动诠释了什么是"率先垂范，事必躬亲"。2018年年初，当得知蓓蕾老师被暂时借调到上海外国语大学时，我心底有些惆怅，以为见到她的机会将大大减少。可后来事实证明并非如此。蓓蕾老师跟我们的交流并没有任何减少，还是会定期与我们研讨，不厌其烦地帮助我看文章、提出修改意见。有一段时间我的毕业论文写作进入瓶颈期，我心情浮躁、无心写作，蓓蕾老师反馈给我的修改意见都是一片红色的批注，让我看不到尽头。可是蓓蕾老师没有催促我，而是耐心地告诉我论文需要多次打磨、修改，才能真正成为一篇有意义、有价值的论文。

临近毕业论文答辩，国内新冠肺炎疫情暴发，蓓蕾老师经常关心我们的身体情况和所在地的疫情动态，也督促我们准备好线上答辩。答辩时间确定后，她抽出一天时间帮我们修改答辩幻灯片，组织模拟答辩，之后再次鼓励我："你的研究很有价值！答辩时尽可能把论文的亮点和创新展现出来。现在还有时间，再好好练练，答辩时自信点，肯定没问题。"

好几次小长假和寒暑假，蓓蕾老师负责的教材编写团队在封闭研讨，我担心发微信会干扰她工作，就通过邮件联系她。有一天我发现，她在凌晨一点左右回复了我的邮件，想到那时她大概还在工作，一种敬佩感油然而生。夜以继日，无私奉献，我想这也许就是一个学者该有的样子吧。正是因为蓓蕾老师为我树立了标杆，让我决心努力考博，坚定治学，希望也能够成为一个像她那样的人。

  蓓蕾老师成为我的导师，或许是我研究生阶段中最幸运的事情。亦师亦友，亦坚亦柔，于蓓蕾老师的一言一行中，我能感受到她对教师身份的赤诚之心与全力以赴。"绿野堂开占物华，路人指道令公家。令公桃李满天下，何用堂前更种花。"蓓蕾老师人如其名，春风化雨，桃李芬芳满园香。从师如此，何其有幸！我也会跟随老师的步伐，默默耕耘，为这半亩花田添一分芳华。

爱的"上确界"

数学科学学院　钱彦同

【导师简介】

贺群，数学科学学院教授，长期从事基础数学专业的教学与科研工作。主持和参加多项国家和上海市自然科学基金。曾获上海市育才奖、同济大学"倪天增教育奖励金""三菱奖"，曾获同济大学三八红旗手、同济大学"立德树人"优秀教师等称号。

【作者简介】

钱彦同，数学科学学院2022届毕业生。

注：照片右二为贺群教授，左一为钱彦同。

"师者，所以传道受业解惑也。"一位好的导师，像一簇不灭的火种，点亮学子的治学之路，指引学子的前进路途。星星之火，却可见燎原之势，火种的存在，给人以无限希望。数科院有一位优秀的导师，她"学为人师，行为世范"，用实际行动诠释了导师对学生的爱的"上确界"，她就是我的导师贺群教授。

　　由于我是外校毕业来同济直接攻读博士学位的学生，最初在暑期夏令营选择导师时，对贺老师并没有充分的了解。因此，刚入学的时候，我的内心是忐忑不安的，但仅仅过了一个月，这些疑惑便在我的脑海中烟消云散。贺老师对学问严谨认真的态度，对学生无微不至的关怀深深打动了我。经师易遇，人师难求，能获恩师如此，实为我之幸事。

　　令我印象颇深的，是贺群老师做学问时严谨认真的态度。她作为基础数学专业的前辈，十分注重细节，治学严谨有方。每次讨论汇报时，都要求我们将每条公式和每个定理一步一步地推导出来，知其然，更要知其所以然。贺老师自己也以身作则，授课过程中若是忘记了表达式，她一定会在黑板上一步一步地推导出来。她常说，研究数学最重要的就是要有严谨认真的态度，对任何一个问题的解答不能似是而非，更不可不求甚解。"纸上得来终觉浅，绝知此事要躬行"，只有追根溯源，主动思考，才能有所造化。

　　每当我们遇到难以理解的定理，贺老师都会耐心地用通俗易懂的方式给我们解释。当我们在计算公式时遇到困难，她也会和我们一起，一步一步地推导，直至最终得出正确答案。贺老师还常常忙碌到深夜帮我们修改文章，修改批注显示的时间通常是凌晨时分，我们看在眼里，感激在心里。即便是批改数量较多，证明繁琐的本科"数学分析"作业，贺老师也会一本本、一步步地认真批阅，仔细纠正其中的逻辑错误，非常投入，以至常常误了饭点。贺老师像一支红烛，毫无保留地奉献光和热。

　　贺老师不仅是良师，更是益友。她会用心地去发现每个学生的优点，充分尊重学生的研究兴趣和发展方向，并全力支持学生的选择。贺老师对学生的指导不仅仅体现在学术上，更是几乎涵盖我们工作和生活的方方面面。老师亲切热情，不仅会为学生们答疑解惑，还会像朋友一样聊起关乎我们未来成长和职业发展的话题，从当下的实习情况到人生规划，等等。更多的时候，贺老师是在通过她自己的行动教导我们做人做事的道理，潜移默化地引导着我们在人生的关键节点做出合适的选择，推动我们的学习和工作向前发展。如春风化雨一般，于无声中滋润万物。

"令公桃李满天下，何用堂前更种花。"贺群老师经过万千耕耘，如今终于见得桃李满园芬芳。恩师之行，为我们领航了一条治学沧路，而这份大爱，绵延不绝，将串起人生所有的喜怒哀乐和璀璨斑斓。

科学与艺术一路同行

数学科学学院　邹宏春

【导师简介】

梁进，数学科学学院教授。主要从事金融二叉树方法最佳收敛速率、信用等级迁移风险评估和碳减排优化等方面的研究。曾获上海市大众科学奖提名奖和全民科学素质工作先进个人奖。

【作者简介】

邹宏春，数学科学学院2020届硕士毕业生。

注：照片右三为梁进教授，右四为邹宏春。

回忆起与梁老师初识的经历，还要追溯到大三的"金融衍生物定价理论"课上。她深入浅出、行云流水的授课方式为我开启了通向金融数学的大门。从那时起，我便暗自下定决心，要攻读金融数学方向的硕士学位。或许是上天眷顾，一轮四季轮换，我如愿顺利保研进入梁老师的研究团队，开启了我的金融数学研究之旅。

还记得第一次与梁老师的单独交流的场景，梁老师向我讲述了许多研究金融数学所需要的专业知识，分享了十分受用的学术经验与科研技巧。最令我印象深刻的，是她对我说："你们基本上都是理工科出身，但我希望我的学生能够同时注重自身艺术素质的培养，将人文与理工相结合，做一名科学与艺术兼修的全方位人才。如果你今后想要做好研究、写好论文乃至做更大的事，一定要文理兼修，在各方面都很杰出，这样你的思维才能更加丰满活跃。"

这段话，我常常铭记于心，反复咀嚼，却云里雾里，始终不得要领。直至大四在梁老师指导下做毕业论文起，我才真正地开始了解梁老师这段话的真谛，也真正感受和领悟到了她的教诲。梁老师是一位在金融数学领域建树颇丰的学者，在金融二叉树方法最佳收敛速率、信用衍生品定价和碳排放的优化等研究领域发表过百余篇国际国内高水平学术论文，主持多项国家级科研项目、品牌课程与示范课程。此外，她也是一位充满浪漫主义情怀与文艺气息的杂家：除完成了多本专著、教材和译著外，还出版了《淌过博物馆》《如河的行板》《数学与名画》《名画中的数学密码》《大自然诗歌数学老师》和《博物馆艺术拾珍》（收敛篇 + 发散篇）等多部科普作品。她是科学网上的著名博主，写作内容涵盖教学、科研、人文、旅行等多个领域。她还是一名博物馆爱好者，早年在葡萄牙、德国、法国、荷兰等国家从事高校教学及金融相关工作的同时，遍历世界著名博物馆。梁老师很喜欢用数学的眼光欣赏收藏于各大博物馆中的名画，她说："站在一幅好画面前，仿佛自己的灵魂都能够陷进去。"梁老师在学校还开设有"数学文化"与"数学与艺术"选修课，深得学生们的喜爱。执数学的逻辑理性之笔,梁老师在世界的宽广画卷上描绘人文精神的绚烂。

感性与理性交织,梁老师满足了我心中对于一名好导师的所有想象。梁老师知识渊博、学术造诣深厚、治学态度严谨、生活态度积极乐观,她不仅具有理工科的沉稳,还兼具人文社科浪漫的艺术气息。回想起当初吸引我进入金融数学大门的原因,除了这个学科本身的魅力之外,还有课堂上梁老师所散发出的一种独特气质——在严谨中蕴含细腻,于逻辑中韵味无穷。我见贤思齐,最终收获了和梁老师亦师亦友的缘分。

梁老师在她的散文集《如河的行板》中收录了这样一句话,"我望着原校址上那片郁郁葱葱的原野,心中充满了复杂的感情。忽然觉得那些在田里正在生长的幼苗,像极了我的学生。幼苗生长的土地是贫是沃并不取决于幼苗自己,但它们都应该能受到阳光和雨露同样的关怀。它们应该有同样的机会长成有用之材。"在梁老师眼中,这是对导师与学生关系的描绘,她希望自己可以引领自己的学生全面发展,在生命中书写无限可能。我想,如果有一天,我有幸成长为梁老师笔下的有用之材,那么可以说正是梁老师哺育了我,使我茁壮成长。

我的本科毕业论文是在梁老师的指导下完成的,在研一开学前的暑假,梁老师建议我修改论文准备投稿。那时的我将文章交给梁老师稍作斧正后,未经过梁老师的同意,就心急地把文章给投出去了。梁老师知道后很生气,但她并没有指责我,而是马上召集所有同学,为我们上了深刻的一课。她告诉我们,不论参与者对文章篇幅贡献大小,也不管参与时间先后,在投稿前,必须征得所有作者同意。她理解我初次写作,经验尚浅,以为修改后就可以投稿,且这个问题对结果也不会产生较大影响,但这是一件反映学术道德的事情。不论做任何事,我们必须要有从小事着手的意识,这样以后才能够在"大问题"研究中关注到细节,最终成就事业。在这件事情中,我从梁老师身上学到了很多,不仅有学术道德的重要性,更有梁老师细致谨慎、尊重他人的为人道理。

我和梁老师之间的故事还有很多,例如在讨论班汇报时梁老师引导式的解答、科研报销时在细节上对我的细致要求以及生活中对我的充分关心。梁老师一直告诫我们："你们这一批年轻人前途广大，要做一个对社会有用的人，首先要专业精深，这样才能登高望远。你们现在肯定有很多迷惘，但其实前途不明也可能是好事，你会有很多可能性。我希望你们能有良好的心理素质，做好面对挫折的准备，同时也要做一个全面发展的人，坚持认真学习，不断磨练自己，关注社会人文，做一个理工与人文兼修的人才，不断开阔眼界，这样会帮助你在未来取得更大的进步。"

"做一个科学与艺术并行的人。"这是梁老师常挂在嘴边的一句话，亦是梁老师对我们的期冀。像一轮月照亮一片昏暗的夜，似一渠水清凉一段漫漫的旅程，这份教诲，我定念念不忘，静待未来回响。

从师如此，心向往之

材料科学与工程学院　杨海静　冀言亮

【导师简介】

　　孙振平，材料科学与工程学院教授，在混凝土减水剂基础理论研究和产品开发、高性能混凝土基础理论、预拌砂浆关键技术、固体废弃物资源化关键技术等方面取得了重要进展。

【作者简介】

　　杨海静，材料科学与工程学院博士后；冀言亮，同济大学材料科学与工程学院 2018 届博士毕业生。

注：照片右四为孙振平教授，左四为杨海静，左三为冀言亮。

汉代学者扬雄有云，"师者，人之模也，无德者无以为师"。纵观中华上下五千年历史，"师道"是传承灿烂中华文明的不朽纽带。迈入新世纪，习近平总书记对"师道"作出了更为具体的阐释，即"有理想信念、有道德情操、有扎实学识、有仁爱之心"。我的导师——孙振平教授，正是这样一位"四有"好老师。

大学四年级第一次上孙振平教授的"建筑功能材料"课程时，我便被他渊博的学识和谦虚的作风所深深吸引，原本深奥枯燥的专业知识点经过孙老师的讲解，立刻变得简洁生动起来。孙老师制作的课件形式多样，内容丰富，他在讲解时更是会将课本内容与实际应用有机结合，以便于帮助学生们更好地理解知识。孙老师的课堂教学方式也灵活并富有新意，在上课期间，他会提供机会让我们就自己关注的兴趣点制作幻灯片并上台给全班同学讲解，这样的形式既加深了我们对于专业课内容的记忆，又锻炼了我们个人的语言表达能力。不仅如此，孙老师还会对我们汇报的内容逐一进行分析和总结，对于做得好的方面给予充分肯定，对于不足之处给予耐心指导。通过这样的反复锻炼，大家的专业知识素养和语言表达能力都得到很大提高。孙老师严谨的治学态度，以及务实的工作作风深深地吸引着我，从那时起，我就暗下决心，要报考孙老师的研究生，很荣幸最终能够如愿以偿。

在孙老师的引领下，我的求学之路变得愈发明亮，孙老师得体周到、儒雅随和，耳濡目染间我的胸怀也愈发坦荡。2013年9月，我顺利考取了孙老师的硕士研究生。在研究生阶段的学习生活中，与孙老师相伴左右，使我获益良多。在孙老师的指导下，我形成了开展科研工作的思路，完成了数篇专业论文和专利的撰写，并参与了多项国家重点项目研究和多场科研会议。

最令我感动的一件事是失意时孙老师给予我的鼓励和肯定。当时在孙老师的推荐下，我获得了德国慕尼黑工业大学的Plank教授课题组的邀请，成功申请到参与同济大学博士生短期访学项目的机会。2016年9月，我如期进入 Plank 教授课题组进行学习，第一次离家来到陌生的国度，与国内完全不同的文化背景以及高强度的科研工作给我带来了巨大压力，期间孙老师不时地询问我的生活和学习状况、他对我的指导和关心大大减轻了我生活上的压力。2019 年年初，考虑到学科交叉对学科发展的巨大帮助，在孙老师与 Leo Pel 教授的共同努力下，荷兰埃因霍温理工大学应用物理系与同济大学材料科学工程学院土木工程材料系签署学术合作协议，涉及学者互访、测试平台共享及技术支持等多方面的合作内容，这对于课题组人才交流乃至材料科学与工程学院相关学科建设有深远意义。

  孙老师渊博的学识以及高尚的道德修养一直是我们学习的楷模；他的优秀品质如同春风化雨般渗透在我们的学习和生活之中。孙老师的一言一行不仅教导着我们如何做好科研，更是在无形之中引导着我们如何成长为一个真正的人，一个真正对社会、对国家有积极影响的人。学术研究是"有形"的，人格的成长却是"无形"的，更是"无界"的。我们学习孙老师优秀的为人风范，不仅能成就我们个人，更会影响到我们身边的人，如此一来，言传身教便再无止境。

  课题研究，言传身教；为人处世，以身作则；治学为人，十年如一；桃李不言，下自成蹊。正如古语所云"经师易求，人师难得"，作为一名教师和科研工作者，孙老师切实做到了坚持教书和育人相统一、坚持言传和身教相统一、坚持潜心问道和关注社会相统一、坚持学术自由和学术规范相统一，真正成为我们锤炼品格的引路人、学习知识的引路人、创新思维的引路人以及奉献祖国的引路人。高山仰止，景行行止，从师如此，心向往之。

给导师的一封信

国际文化交流学院　田　媛

【导师简介】

李海燕，国际文化交流学院副教授。

【作者简介】

田媛，国际文化交流学院 2019 届硕士毕业生。

注：照片右一为李海燕副教授，右二为田媛。

亲爱的海燕老师：

展信安！

时光荏苒，岁月如梭。转眼间，我来同济求学已三年。世间路何其多，但总有一条，让人纵使汗流不止也愿奋力前行。对我来说，来同济求学便是这般：三次参加全国研究生考试，两次跨专业备考，一次考试前右手受伤……最后一次，一个人背着厚重的书籍、拖着沉重的行李来到上海，边工作边备考。时间恍惚回到了三年前，晚上八点钟的候考室中只有我一人，因为我是 25 号——最后一名参加复试的考生。

孑然一身，窗外玉兰为伴，星光为路。

求学路于我来说，孤单、漫长，踽踽独行间却又弥漫着点点星光。

当收到录取通知的那一刻，这些星光瞬间绽放，如流星般在我的内心划过，应和着同济校园里晚春的美景。

怀着对新生活的憧憬，我开启了一段美妙的校园生活。读研期间结识了可爱的同学，又遇到了善良又有学识的您。

亲爱的海燕老师，我想以最原始的方式给你写一封信。

博学的海燕老师，我想以书信的方式表达我的孺慕之情。

……

2016年3月29日，研究生入学复试，这是我和同济国交院的第一次缘分。

2016年9月，研一入学，导师见面会上第一次正式见到您。

新的篇章里，我有幸成为您的学生，开始了全新的研究生生活。或许您未曾想到，虽然我现在常给人阳光开朗的印象，但是在入学之前，我并不是那么有底气，也没有十足的信心。即便是现在，我也时常会感到迷茫疑虑，不够自信。总担心自己做得不够好：让父母担忧，令老师失望，被同学质疑能力，让亲人朋友不够满意。

17岁就进入大学，我的心智和能力和身边20岁的同学相比，并没有完全相融一致。置身于大学这个小社会中，我显得有些清高和孤傲。四年悄然而逝，恍然间惊觉有遗憾万千。守着心中的一份执念，我就这样一个人来到上海工作和备考。当再次进入校园学习的机会来临，我十分珍视。也许上天被我的求学之心所打动，让我遇到了您，更有幸成为您的学生。您给我们讲课时，不仅向我们讲解如何选题、怎样做学问，还教授我们为人处事的道理，无论是做学术研究还是待人接物，您都是我效仿的榜样。得师如此，幸甚至哉！

关于论文选题，您给了我足够的自由和自信——我可以按照自己的兴趣去选题和做研究。选题确定后，您不遗余力地辅导我，我已记不清多少次，您在办公室里和我一起讨论问题、分析实证到深夜来临。您向我展示了一名优秀教师的魅力，也正因如此，我重拾了想要成为一名老师的决心。忽而想起6年前，在师范院校毕业的我，不愿被束缚，格外抗拒成为一名教师，但如今，我心向往之。

私下里，我感受到您对我如母亲般的关怀。囿于中国家长的含蓄，在父母面前，我总有些拘谨，常常是报喜不报忧，习惯性展现自己最好的一面，而纠结与苦恼都只是自己承受。但是现在有了您的关怀，在我拿不定主意的时候，您帮我分析利弊；在我有新想法的时候，您鼓励支持我；在我取得好成绩的时候，您为我感到骄傲；在我有需要的时候，您排除困难帮助我……种种事情，让我如何不感激！在您面前，我可以像小女儿一样撒娇抱怨，但转身之后又积攒了战士般的勇气继续努力向前。

我是您辅导的第二届汉硕研究生，接下来您还会有很多优秀的学生。我不是您最有天赋的学生，但我希望自己会是您最用心和善良的学生。在同济的三年，我自信了许多，开朗了许多，坚定了许多，这是同济和您带给我的财富。

一年多的论文之路终于要结束了，这期间您耐心地指导我，论文完成之际，请您收下我最诚挚的感激和孺慕之情！我将踏实走好接下来的路，不辜负您对我的用心栽培。

同济的三年时光，我感恩不已。从此，无论我自何处而来，往何处而去，身上都将背负一个标签——"同济汉硕"。未来且长，不忘师恩。

那些时光不知道的事，总是藏在记忆深处，变成了色彩斑斓的回忆。老师，我们都要努力创造更灿烂的记忆，好好装饰我们的人生。

接下来的岁月，携恩师教诲，我将踏歌拓路，继续描绘新的生活！

您的学生：田媛

极致的法则：用心　耐心　匠心

航空航天与力学学院　黄争鸣课题组

【导师简介】

黄争鸣，航空航天与力学学院教授。提出并发展原创性、普遍适用于连续纤维、短纤维及颗粒增强复合材料的细观力学弹—塑性本构理论—桥联模型（Bridging Model），首创并系统建立了复合材料的真实应力理论。

黄老师认为：决定一个人高度的是把一件事情做到极致的能力，并一直用他的"用心、耐心、匠心"来追求极致，并将这种追求传递给学生。

在我们心中，黄争鸣老师是一位能把任何一项工作做到极致的人，这份极致源于他的"用心、耐心、匠心"，这是他追求极致的法则，更是教给我们的做人做事的信条。

一、用心

黄老师的课堂内容丰富，气氛活跃，他总是及时地将学术前沿成果与课程内容相结合，不断开拓学生的学术视野，这与他课前的"用心"准备是分不开的。他在讲解课程内容时，深入浅出，循循善诱，总是能把复杂的理论以清晰、简练、易懂的方式讲述给学生。比如在重点讲解某一部分内容时，为了确保同学们能够听懂，他会在黑板上进行推理，从而便于大家理解。在课堂上，他关心我们每一个学生的学习状态，积极热情地给学生解答问题。记得有一次，投影仪出现故障，打不开了，黄老师特别着急，恳请维修的老师以最快速度解决问题，尽量不影响学生们听课，在他心中，没有比学生的学业更重要的事情。他对待工作和科研都将"用心"贯彻到底，在修改论文时字斟句酌，像雕塑家一样用心把每一篇论文都雕琢成精美的艺术品。同时，他还"用心"关心身边学生的成长，尽其所能帮助我们解决学业和生活上的困难。也正是因为"用心"，黄老师才能将崇高的学术追求、乐观积极的生活态度、热情细心的关爱、语重心长的教诲统一起来，成为一名"极致"的学者与导师。

二、耐心

黄老师给我的印象一直是严格又耐心的。依稀记得，第一次在办公室见到黄老师时，我非常紧张。黄老师和善地让我坐下，亲切而又详细地询问我的家庭情况，本科专业情况。有些时候提问到力学专业问题时，我羞愧地说我不知道，他随意地挥了挥手，说："没关系，后续上课时，会把这些知识空缺补上，好好学就行了。"在跟黄老师的相处过程中，我发现，黄老师做事很有耐心，每当我找黄老师汇报进度时，不管他手中在忙什么，他都会停下手中的工作,耐心倾听学生的汇报,给予指导建议。同时他也乐于表达自己的看法,他会详细地询问我的学习环境如何,以及吩咐我以后去课题组办公室学习。

在黄老师眼里,没有什么事情比了解学生的科研进展更为重要。每周五黄老师都会组织课题组开展一次小组会议,汇报一周的科研情况,探讨学术问题。黄老师对同学们的要求很明确:不求多做,只求精做,希望通过读文献、做实验,能有所收获。后来我才知道,黄老师就连给本科生上课都是那样的耐心,课堂上所使用的教材,都是由黄老师一人撰写的,教材的内容既精炼又通俗,那些复杂的图表和公式倾注了黄老师的心血,他上课所使用的幻灯片,也是同样的简洁凝练、恰到好处。每道课堂例题他都配有详细的答案分析,同学们的每份作业他都会认真批改并标注错误之处,每堂课开课前几分钟,他均会详细讲解作业解答过程。对于未按时交作业的同学,黄老师并没有批评责备,而是会在课间休息时,耐心询问同学没交作业的缘由,询问他们是否遇到了困难和问题,并提醒同学们下一次补交。

三、匠心

"人活在这世上,一定要给后人留下点东西,不然就没有意义了。"这是我第一次参加组会时黄老师说的话。当时听到这句话,我很庆幸自己找到了一位好导师,我为导师孜孜以求的"匠心"精神所感动,在如今这个人心浮躁的时代,能有这种想法并一直坚持到底的人是十分伟大的。黄老师的"匠心"体现为对学术研究的信仰和责任感。在黄老师眼中,科研是一种乐趣,也是一种精神食粮。"业精于勤而荒于嬉",每天早上他都很早来到办公室,直到深夜才回去,同学们也经常在周末看到黄老师来办公室加班做科研工作,有时黄老师甚至会直接在办公室休息。他会细致地解答大家在科研中遇到的各种问题,为同学们的科研之路指引前行方向;他会认真阅读仔细修改同学们写的每一篇论文,并教导同学们学会专注和坚守。

匠心不易，黄老师以"匠心"深耕教育和科研，成为言传身教最生动的注解。

正是黄老师对我们在学习和生活上的关心关爱，使得我们视黄老师亲如己父；也正是黄老师严格要求自己，在学术和科研领域不断追求极致，探索极致，挑战极致，将"用心、耐心、匠心"的法则落脚于工作和生活，我们才会以黄老师为榜样标杆，发自内心地尊崇黄老师。在这里，课题组所有同学都想对黄老师道一声："老师，您辛苦了！"

身教言传淬炼技艺，春风润物呵护成长

职业技术教育学院　王奕俊课题组

【导师简介】

王奕俊，职业技术教育学院副教授，主要从事教育经济分析与管理、职教教师培养等方面的研究。

紧盯一流水平，瞄准学术前沿，拓展国际视野，深耕职业教育研究，是王老师对学生的要求；团结协作，锐意进取，逐步成长为一个既成熟踏实又充满活力的创新型研究团队，是王老师对课题组的期待。

一、学术引领，三人行必有师焉

定时约见学生早已成为王老师的一种习惯，通往济事楼王老师办公室弯弯绕绕的路是课题组成员在偌大的嘉定校区里最先熟悉的一条路。"操千曲而后晓声，观千剑而后识器。"对于教育学科的研究，王老师认为空想误事，实践出真知，只有真正地带领学生进行教育学研究才能提高大家的科研能力，避免"纸上谈兵"的现象。平时，王老师会根据课题组的工作任务和计划，适时地给我们每个人布置具体工作，并以集体讨论的形式加以督促、检查和完善，有针对性地制订一整套培养计划和方案。

作为一名教育学老师，王老师始终视教书育人为自己的神圣使命。在教学工作中，王老师严格要求自己，对待同学亲切友好。他坚持鼓励学生求知探索，不断提升教学效果，将"教"与"学"有机结合，力求教学相长，共同进步。王老师与同学们持续探索如何在教育学中引入定量研究方法，他非常注重学生在研究过程中的参与。即便很多同学是文科出身，数学基础较为薄弱，王老师也并不将这视为阻碍，不仅手把手地教授我们定量研究方法、向我们推荐书目，更鼓励大家主动在一些问题上发表意见，共同学习和探讨新的方法，让大家不再是亦步亦趋的跟随者，而是携手前行的同路人。

王老师的团队一直以国际化的视野关注学科领域的最新发展，团队每年都有学生完成为期半年以上的出国交流。"出国学习是一定要支持的。"王老师本人也在美国俄亥俄州立大学的访学经历中收益良多。虽然通过阅读文献的方式可以初步了解西方职业教育研究动态，但是作为学生，不能仅仅通过文章来理解其细枝末节。只有融入具体的教育环境，了解其独特的历史文化背景，才能透过现象认识事物背后的本质与规律。

无论是导师还是学生，大家都在科研的道路上探索着、收获着、成长着。王老师致力于营造和谐融洽的育人氛围，实行"寓教于研"的教育理念，倡导人文科学思维新风。他以身作则，用勤奋、执着和对科研的言传身教，指导我们进行日常学习和科研工作，注重挖掘并培养研究生对科研探索的兴趣，甄选、支持有潜力的学生深造攻博，积极向职业院校推荐有意愿从教的学生，努力帮我们"各美其美"，进而"美美与共"。

二、因材施教，为师当如九方皋

王老师在团队中一直将自己的角色定位为听众，而主讲人则是每个学生。作为导师，他会花大量时间倾听我们的心声，在互动过程中洞悉每个人的特长和诉求，进一步了解每个人的近期目标和远景规划，从而判断我们对当前研究工作的热情和这份工作是否适合成为我们终生的职业。王老师擅长从言语之间体会出说话者心中的潜台词，他想做的是成为一个能提供有效帮助的倾听者和支持者。

《礼记》有云："善歌者使人继其声，善教者使人继其志。"团队每一次迎来新同学，王老师问他们的第一个问题永远都是："你想要研究什么，你对什么感兴趣？"他更愿意将自己的意愿置于学生的兴趣之后。王老师说，每一名学生都是一块闪耀着不同光芒的瑰宝，需要师者耐心地引导。他始终秉承以人为本的理念，根据我们的个人特点及实际情况开展指导与教育，尊重我们的选择，引导我们遵循自己的内心。虽然没有硬性规定，但团队中早已形成了"传帮带"的传统。为了帮助新同学迅速融入团队科研活动中，学长学姐也会跟随老师的步伐，主动了解新成员们的性格特点及学科背景，在空闲时间帮助他们制定科研计划，传递经验，分享信息。正是在同学们互帮互助、携手共拓的理念下，和谐友爱的学习型团队才能真正建成。

王老师对待任何一项任务都追求"工匠精神"，力求桩桩出臻品，力争让同学们都能在科研工作的每一个环节中有所收获。从兴趣培养到能力提升，再到视野拓展，王老师甘于为学生创造攀登学术前沿的阶梯。王老师时常鼓励我们积极参加各种形式的学术科研及社会活动，并自愿支出经费支持我们参加学术会议与相关培训。他说过，"科研中有些'陡峭'是需要学生亲身经历和体验的"，所以他愿意耐着性子用很长的时间帮我们打磨出一篇好文章，愿意等待我们能力的积累，更愿意陪伴我们慢慢地成长。

三、以情育人，春泥落红护桃李

我们每周都会去嘉定校区对面的微热食堂吃饭，浩浩大队总是占据食堂最大的桌子。王老师总是细心地记住哪个学生喜欢吃宽面，哪个学生不吃香菜……最后当然也是王老师支付所有的账单。他总是默默关注着每一个学生，默默送上温暖。

王老师的这种无私奉献的精神被同学们传承着，同学之间的相互关爱也成为创造力精英小队的传统。当师弟师妹在学术研究的道路上遇到问题时，作为过来人的师哥师姐总是会伸出援手，毫无保留地向他们分享科研经验；日常工作中，在研究前沿和创新点等问题上，师弟、师妹也会为前辈们出谋划策。当被问及原因时，大家总是略带微笑的说："因为整个小组一直以来都是这样的氛围，大家都是这样被手把手带出来的，我们之前受到老师、师哥、师姐这种无私的帮助，自己也会这样帮助团队的其他成员，我们团队的互相奉献已经是一种传承了。"

王老师数十年如一日坚持"学为人师，行为世范"的行为准则，他不仅注重对于团队成员科研能力的培养，也特别关注同学们的身心健康和德行修养，教导成员品格与学问并重，理想与实践统一，努力成为一个"有情怀"和"有情调"的人。"有情怀"是指心系他人、社会和天下，将个人的奋斗目标与社会需求紧密结合起来；"有情调"是指拥有善于发现美的眼睛，懂得如何表达思想和情感。

桃李不言，下自成蹊。王老师多年如一日身教言传淬炼技艺，春风润物呵护成长，其带领的团队已成长为一个奋发有为、勇于开拓的上进家庭，一个充满活力、自然洒脱的快乐家庭，一个团结互助、齐心协力的和谐家庭。同学们因团队而自豪和骄傲，团队也因大家而更好地发展。

第三篇章 教学相长

　　教学相长，师生情是学习生活中最美的风景；学海无涯，同窗谊是前进道路上最暖的依靠。

　　导学团队由研究生导师及其所指导的研究生组成，是学校推进人才培养、科学研究、社会服务、文化传承创新工作的重要力量。导学团队中导师在学业指导、价值观引导的过程中尊重学生，在师生互动中实现教学相长；导学团队中师生用专业智慧对接国家战略、用科学研究助力社会发展、用脚踏实地的行动服务国计民生。同时，导学团队在研究生思想引领，学术研究和创新实践指导，学风建设、文化建设和制度建设以及在全面落实导师"立德树人"职责、构建导学育人共同体等方面发挥了示范引领作用。

　　"教学相长"篇章讲述了同济大学首届"卓越"研究生导学团队标兵的故事，一个个故事记录着导师与学生共成长、共发展的点点滴滴。故事里，有许多平凡的日常，亦有更多不寻常的成长乐章，他们在共研中涵养家国情怀，在互助中传承同济品格，日益成为一个个导学价值共同体、情感共同体、知识共同体与成长共同体，从而为导学共同体的内涵发展提供了生生不息的动力源泉，蕴含着润物无声的育人能效。

我们的征途是星辰大海

——海洋与地球科学学院周怀阳教授团队

【团队简介】

团队在周怀阳教授的带领下，立足海洋学科前沿，积极探索未知的蓝色海洋，团队师生历年参加大洋科考达到上百人次，为我国深海研究领域输送了一批批高层次的人才。团队在深海环境科学、极端环境地质地球化学、海底矿床学、海底原位探测技术等领域开展着一系列开创性的科研工作，在 Nature、Nature Geoscience 等刊物上发表各类科研文章总计两百余篇；获得省部级科技进步一等奖 2 项，二等奖 2 项；已授权国家发明专利 35 项。

"师者,所以传道受业解惑也。"周怀阳教授以他的言传身教,春风化雨、润物无声地影响着他带领的海洋地球化学团队中的老师和学生。

一、学以致用,立足海洋学科前沿

"我总是被海洋的辽阔和神奇深深震撼,对未知永远充满好奇和向往。也许我们的一点点科研创新,就能够成为全人类坚持不懈探索未知世界的巨大努力中的沧海一粟",周怀阳说。对于周怀阳带领的海洋地球化学团队来说,"星辰大海"不仅仅是一种浪漫情怀,更是他们每天打交道的研究对象。探索海洋的未知,是团队中每个成员的初心与目标。近 30 年来,海洋地球化学团队为建设海洋强国培养了一批高层次人才。他们已逐渐成长为我国海洋研究领域的中坚力量。团队现有导师 9 名,博士生 5 名,硕士生 28 名。立足海洋地质地球化学专业,团队积极探索未知的蓝色海洋,在深海环境科学、极端环境地质地球化学、海底矿床学、海底原位探测技术等领域开展了一系列扎实的科研工作。

周怀阳是国内较早呼吁开展载人潜水器科学研究的倡议人之一。2005 年,他作为中方首席科学家,负责领导首次中美联合深潜科学航次。此外,他还负责"7 000 米载人潜水器海试选址"的研究工作,为 2009 年和 2010 年载人深潜器在南海的海试成功提供了保障。2013 年,作为"蛟龙号"载人深潜器首次试验性应用航次南海航段科学负责人,他成为首名下潜的科学家。他的团队自行研制的流体采样器等设备在该航次得到成功使用,为我国首次在深海海底采集到保压流体等样品作出了贡献。2001 年和 2011 年,他连续两次被负责我国国际海底事务的中国大洋矿产资源研究开发协会评为中国"大洋突出贡献专家"。

"学要有所用,学要致其用,学必有所用",周怀阳用自己的实际行动,向他的学生传递这样的科研学习精神。他高度关注海洋科学与技术的结合,注重理论知识的实际应用。2002 年开始,团队自主研发了我国首台高温高压开放式深海生物地球化学实验研究平台。6 年后,周怀阳指导博士生利用该平台在国际上首次模拟海底热液环境，成功合成了丁烷和戊烷。2005 年，团队自行设计开发了深海热液喷口原位温度长期探测系统，并使用该系统成功进行了国际深海海底首例人工黑烟囱长实验。2013 年，他的论文《支撑马里安隆起亏损地幔的薄洋壳证据》是我国海洋地质界以第一作者身份在《自然》(Nature) 杂志上发表的首篇主题论文。这一研究成果对 40 多年前由外国学者提出并沿用至今的"地幔羽"假说提出了挑战。

"周老师对于学术的热爱之心令我十分敬佩，值得所有科研人员学习"，硕士生张晓智说，"每一次与周老师讨论研究进展，我的思维都能从中受到启发，视野都会有所开阔。"周怀阳以严谨的治学态度、新颖的教学方式，带领学生深入了解专业方向及学科知识。"以前你学习的是课本上的死知识，现在你看到的是活生生的真实的海洋。"硕士生何昕铠至今还记得周怀阳的这句话。第一次拿到样品时，他还是一头雾水，在周老师的引导下，他对样品的研究渐入佳境。

在周怀阳的带领下，团队其他老师也非常注重培养学生的实践能力和实践精神。团队成员吴自军、杨群慧、李江涛、王虎、季福武和高航等，均参加了科考，为学生作出榜样。在他们的影响下，团队中的研究生们投身科研，立足实践。近 30 年来，团队师生参加大洋科考达上百人次。其中，马强于 2016 年乘"决心号"前往西南印度洋，参与了大洋发现计划 IODP 360 "打穿壳幔边界"的科考航次，李江涛也利用在该航次中获得的样品在《自然》(Nature) 杂志上发表了他的研究成果，为人们了解下洋壳演化和揭示地壳深部生物圈作出了贡献。宿蕾在 TS2-1-3 载人深潜航次中，成为第一个乘"深海勇士"号下潜的女博士生。这些看上去很"酷"的经历，背后却要忍受晕船的痛苦、狂风大浪的危险、昼夜不停连续作业的劳累……即便如此，他们还是乐在其中。

二、严以育才，以身作则言传身教

"指导学生做实验的时候，从选样品到磨样品再到包装样品，周老师事无巨细一一示范，保证实验过程的每一个细节。"2018年科考航次刚结束，周老师便立刻指导硕士生许雅晶存放、整理要带回的研究样品。"一排二十几个样品一字排开，周老师要求我们一一编码包好，入库保存"，许雅晶说。为避免人为编码失误，每个样品的编码周老师都要核实确认。几个月的出海科考只是完成了研究样品采集，后期研究工作常常要进行数年。正是知晓出海考察和取样的不易与科研的艰辛，周老师才会如此严苛。

"做事情要快一点，年轻人要抓紧时间""一定要拿着笔和纸记一下，更重要的是记进脑袋里，要融会贯通""像这些经典的文献，你可以早晨起来背一背，深刻理解别人是怎么写论文的""不管是做学问还是做人，最重要的是要讲诚信"……小到如何阅读英文文献，大到做人做学问，周怀阳的"碎碎念"使学生们收益匪浅。正是对学生成才的殷切期望，使周怀阳严格要求学生，同时把谆谆教导挂在嘴边。

他是这样说的，同时也是这样做的。在教导学生的过程中，除了言传，周怀阳更是用自己日常的行为影响教育学生。每天清晨，他便早早来到办公室办公，常常工作到深夜。在他的办公桌上，有很多供课题研究写写画画的A4纸。"每次从周老师的办公室出来，都会收获一两张周老师手写的A4纸，上面有他对某个问题的解释或者对我下一步工作计划的提醒，我将它们一张一张都珍藏起来"，硕士生叶子靖说。

远离市区的喧嚣，周怀阳和他的几名研究生都长期驻扎在临港的海洋地质国家重点实验室。周怀阳常常在这里和学生一起探讨问题、一起做实验。"读书的时候，我是班里同学中年纪最小的；而现在我是临港常驻科研人员中年纪最大的"，周怀阳笑着和他的学生说。周怀阳关心学生的生活，实验基地的生活没有市区的丰富多彩，但在这里，他经常和学生一起散步、聊天，使学生们渐渐享受静心科研的魅力。

"做科研不仅仅要有敏锐的思维，更要有强健的体魄"，科研之外，周怀阳也对学生们充满关怀，鼓励学生运动。有时，当他得知学生忘记吃早餐时，会煮鸡蛋送给学生。有时又会邀请学生一起散步，畅聊古今中外的人文历史、大家巨匠，在与学生讨论科研问题的间隙中穿插为人处世、立身立德的道理。硕士生张维石说："周老师不仅是我学业上的导师，更像是我的人生导师，就如同照亮前行道路的灯塔，向我完美地诠释了传道、受业、解惑的全部含义。"

近年来，周怀阳曾荣获全国"五一"劳动奖章、上海市优秀共产党员、2019年感动上海十大人物、同济大学首届"卓越教师奖"等荣誉。他获得的奖金或作为"特殊党费"全部上缴组织，用于教育；或捐赠给学院设立"海洋学院卓越励志奖"，用以资助学院热爱专业、勤奋好学并学有所长的农村学子，激励他们志存高远、追求卓越。"与地球和人类的历史相比，人生太短暂了。人这一辈子总要做一些对社会、对国家有益的事情"，周怀阳如是说。

（撰稿：叶子靖）

我们团队是一个温暖的大家庭

——材料科学与工程学院杜建忠教授团队

【团队简介】

团队以国家杰青杜建忠教授领衔，有深厚的学术造诣和广泛的国际学术影响力，其团队成员有剑桥、牛津、帝国理工等世界顶级名校的求学和工作经历。2010年以来，该科研团队深耕高分子材料领域，累计发表SCI论文200余篇，培养硕博毕业生40余名，在科研的道路上敢突破敢创新，为科技强国贡献己力。团队始终贯彻"同心琢料，塑料成材，因材施教，同济天下"的导学理念，课题组学生秉承家国情怀，扎根西部科教事业；投身实体产业，突破材料卡脖子技术；勇担维和使命，荣获联合国勋章……在杜老师的带领下，课题组全体成员为信念而执着，为梦想而奋斗，力争为国家发展作出更大贡献。

在同济，有这样一个团队：他们互相扶持，是一个具有人文关怀的温暖大家庭。他们求真务实、深耕生物材料研究，在高分子囊泡的理论构建和结构设计、医学应用方面取得了显著的成绩。这就是同济大学材料科学与工程学院杜建忠教授团队。

一、"这个'家'中写满了'奋斗'"

杜建忠，同济大学自己培养出的杰出人才，长期以来从事生物材料研究，在高分子囊泡结构设计和医学应用领域（糖尿病、癌症、抗菌）展开了一系列独特的原创性研究，其中包括"魔法"般的"以糖控糖"囊泡、专克耐药菌的"膜冠联动"囊泡、粒子自组装而成的"四臂囊泡"等，在高分子囊泡的理论构建和结构设计、医学应用方面取得了显著的成绩。

"杜老师从事的研究很神奇，深深吸引了我。"奚悦静同学说，她积极参加学院的创新项目，与团队合作制备出抗菌高分子纳米材料并琢磨其抗菌机理。硕士期间，杜老师指导她和几名同学一起从事抗菌材料研究，共发表了 4 篇高水平 SCI 论文，其中一篇是她以第一作者身份在顶级期刊《美国化学学会·纳米》（ACS Nano）上发表的。

杜建忠的第一名博士生刘秋明还记得自己第一次做聚合实验的情景："那是一个深秋的下午，按照杜老师要求做好所有准备工作之后，杜老师来到实验室准备教我搭反应，这次做的是 ATRP（原子转移自由基聚合），要求严格的无水无氧。因为那是实验室筹备好后的第一个实验，所以课题组的所有研究生都过来围观学习。杜老师在旁边指导，我负责操作，那时实验室条件还比较简陋，我们没有抽真空通氮气的装置，只有用针头连接氮气通到圆底烧瓶液面下鼓泡除氧，实验每一个小细节杜老师都会讲到，有问题的地方也会立即指出。反应搭好后，每隔几个小时我都要跟杜老师汇报反应现象。第二天，我来到实验室提纯聚合物，杜老师已经在仪器旁等待了，当烧杯里沉淀出白花花的聚合物粉末时，一向比较严肃的杜老师开心地笑了。"

弟子们普遍感受到杜老师的严。博士毕业后成为宁夏大学国家重点实验室高层次人才的孙辉至今还记得求学时"一篇文章改 20 多遍"的情景。"有时甚至改 30 遍以上，从章法逻辑到措辞标点，细致入微。"孙辉回忆，杜老师最在意的是论文中的证据是否能够支撑结论，如果不能支撑，则坚决不能夸大其词，模棱两可的表述也不行。有时候即使文章已经通过评审，学术期刊准备接受，杜老师也会让我们把该补的数据都补充齐全，让研究的水平更上一个档次。

孙辉有的感受，奚悦静同样有："让我印象深刻的是杜老师对实验结果严谨的态度和对论文撰写严格的要求，各种细节都要反复核对，不能有一丝一毫的错误。""在参加制作杜老师的一个重要答辩幻灯片的过程中，我从老师那里学会了如何化繁为简，将复杂的思路变得清晰；如何举重若轻，将汇报材料的'红花'和'绿叶'递相呈现；如何点面结合，以逻辑的力量呈现科学之美。在这个过程中，我感到老师又化身为一位导演，既能从宏观上把握全局，又能在细节上给予指导，将一个个优秀的科研成果，以'大珠小珠落玉盘'的方式呈现出来，这些对我的影响是长远的。"

二、同心琢料，塑料成材；因材施教，同济天下

杜建忠的导学团队介绍幻灯片的第一张图上就出现了"塑料"两字。仔细咀嚼，又经他介绍，记者发现此"塑料"内涵丰富：雕之琢之，顺之应之导之，以养成君子之德。他说，自己崇奉欧阳修的君子之论："所守者道义，所行者忠信，所惜者名节。以之修身，则同道而相益；以之事国，则同心而共济；终始如一，此君子之朋也。"因此，他在导学中提出"同心琢料，塑料成材；因材施教，同济天下"，是想通过"三爱"贯彻"三全育人"的宗旨。"我非常高兴，自己培养的学生中的三好学生标兵王明智、上海市优秀毕业生孙辉主动前往西部工作"，杜建忠说。

如今在云南云电集团工作的王明智清楚地记得第一次和杜老师接触时的情景。联系他的邮件发出的第二天就收到了回信，"长长的邮件，说了很

2019 年全国高分子学术论文报告会课题组参会师生合影

多很多关于科研的内容,还请我去他办公室。"王明智说,"就这样我走进了杜老师的世界,感受他的人文情怀与科研风范。我最害怕的就是每周一次的组会汇报,我惊奇于一个月前汇报的数据杜老师都记得很清楚,要我解释前因后果,每到这种时候,我都会紧张得手心发汗,因为他问两个问题,我就哑口无言了。这一次次的'折磨',使我慢慢走上了做学问的道路,也让我在工作中倍尝甜头。现在,我给部门员工开周例会,碰到问题我就想,如果是杜老师在这里,他会怎么思考,怎么管理团队呢?感谢杜老师对我的深远影响。"值得一提的是,王明智在云南如鱼得水,干得风生水起。

王明智的表达,在杜建忠的很多弟子口中都曾听到。"硕士阶段有一阵我很迷茫,课题迟迟没有进展,近半年的实验都是以各种失败告终,我一度对科研失去了信心,也对自己产生了怀疑。每次组会,望着失败的数据,我默默低下了头。"萧雨芬说,"每当这时,杜老师都会在组会后询问我最近的进展,对着我的实验方案提出他的看法和建议,他也会用自己的经历鼓励我从失败中走出来。"经历了漫长的等待,萧雨芬终于迎来了自己的第一篇发表在《美国化学会志》(*Journal of American Society*,JACS)上的论文,重拾了对科研的信心,也坚定了跟着杜老师读博的决心。"JACS 论文发表之后,我在想接下来的课题,可以在第一篇论文基础上换一些新的蛋白,这样可再发几篇论文。杜老师没有直接否定我的想法,而是教导我,'炒菜式'的科研似乎是一条捷径,可以发很多论文。但是,真正的科学家,要勇于突破自我,学术思想要层层递进,而不是平行式发展,这样才能达到更高的境界。杜老师启发我,可不可以不用蛋白实现血糖调控?并给我分享了一些文献,让我跳出思维定势,最终,我们有了第二代的'以糖控糖'。"

刘秋明把从杜老师那里学来的本事,写成操作手册放在课题组资料库,供学弟学妹使用,"新组员的第一件事就是阅读并遵守这些规矩。"刘秋明说,科研知识上老带新,工作氛围和态度上也是老同学感染、激励新同学,就这样,一届一届传下去,到现在已经是第十届了,"我想这就叫组内的科研文化传承吧。也正是在杜老师课题组六年的学习和熏陶,练就了我扎实的科研基础,成为我现在工作中强大的底气。目前,我正在从事显示用偏光片上游的树脂材料开发,该领域长期被国外企业垄断。我进入公司后,利用硕博期间的积累,很快解决了公司的'卡脖子'问题,产品目前进入中试阶段。"刘秋明说,"最近公司一名博士后在一个条件非常苛刻的无水无氧实验上失败多次,辗转找到了我,我上手,一次就成功了。"

采访中,杜建忠的学生个个都给人阳光、开朗、积极乐观的印象,说起学习、工作中碰到的困难,他们的回答都很干脆"挺一挺,就过去了"。问起原因,同学们大多回答:"在这个大家庭里,大家感觉很安全、很温暖。"

三、严师其实也是一位慈长

严师杜建忠 10 年来已经指导博士生 5 人、硕士生 25 人。学生人数虽然不多,却是获奖大户:硕博毕业生中,2 人的毕业论文被评为校优秀硕士毕业论文、1 人的毕业论文被评为上海市优秀硕士毕业论文、1 人的毕业论文被评为校优秀博士毕业论文、1 人的毕业论文被评为中国复合材料学会优秀博士学位论文;1 人获同济大学"学术先锋"第一名、16 人次获博士(硕士)研究生国家奖学金、8 人获上海市优秀毕业生称号、6 人获同济大学优秀毕业生称号、1 人获同济大学三好学生标兵称号。杜建忠也因此获得"同济大学优秀学生思想政治工作者""我心目中的好导师"等称号。

"刚刚完成一个国家级项目的答辩材料。凌晨 2:34,8 个同学跟我汇报做好的幻灯片,我看了,一个字不用改。"2021 年 12 月 15 日,电话里,杜建忠的语气中满满的都是自豪。

"那是因为多年来,你们团队传帮带做得好,大家很默契,文化氛围已形成,所以战斗力强。"作为他多年的朋友,记者说道。

杜建忠停了数秒(估计是在开心地笑),说:"我发了一个红包。"根据记者对他的了解,这个红包不会小,且项目参与者人人有份。

杜建忠说,培养学生首先要有家国情怀,要有广阔的胸襟,要守住学术道德红线,不能在大是大非上迷失方向;要引导学生做科研,一切从实际出发,让数据说话,诚实守信;要告诫学生惜名知辱,时刻珍惜自己的名节。他还说,"有的同学刚进学校的时候,希望去兼职、到外面去实习,我会给他们分析利弊;学生毕业择业,我会为其分析哪个单位、哪个领域更合适。两名学生去西部,其实都是我们慎重分析后的结果。择业要看长远,要在国家发展中去找个人的位置。"

记者好奇地问他:"您的学生每年都会出去春游?"杜建忠说春游是增强凝聚力、激发活力、战斗力的利器。于是,记者看到了十几个同学(面孔年年在变,人数每年大致如此)的足迹到了佘山、千岛湖、舟山、黄山、桂林、张家界、婺源，一年一个地方，一次4天左右。"佘山之行后，我发现我在他们玩得拘谨，不欢畅。于是，我就叮嘱他们中的年长（年级高）者负责安全，我就不去了。"杜建忠笑着对记者说。

"钱哪里来？"

"课题组获得的奖励，一部分归入组里的'公益池'，用于体育锻炼和外出春游等团建活动。"杜建忠说。

"要多少给多少？"

"根据活动内容预算，大致给一个总数。"

"不够怎么办？"

"我跟他们说，不够了我再补，你们要玩得开心。但同学们很节约的，比如到桂林，本来计划乘飞机，后来改成了乘火车。同学们说'一路上都是风景'。"于是，记者在课题组撰写的游记《钟灵毓秀，人间胜景》中看到同学们说："（张家界）四天的行程里，我们彻底放下了科研学习中的疲惫与紧张，尽情享受了旅途风光。愿大家能不负韶华，愿课题组在接下来的研究学习中砥砺前行，蓬勃发展。"

范震、朱云卿、刘秋明、奚悦静、王涛、黄秋桐、王明智、萧雨芬……记者瞬间明白了：这样的"家"里走出来的，个个都是会为国尽忠的"战士"。

（撰稿：程国政）

他是学生择师的"香饽饽"

——土木工程学院黄宏伟教授团队

【团队简介】

团队现有教授4人、副教授1人,先后深度参与港珠澳大桥拱北隧道、深中通道、上海长江隧道、上海世博500 kV地下变电站、上海轨交、苏州轨交、浙江钱江隧道、武汉长江隧道、山东胶州湾海底隧道、大连海底隧道、云南山区高速公路、妈湾跨海通道等重大建设工程,先后获得包括2项国家科技进步奖二等奖、6项省部级科技进步奖一等奖在内的各种奖项20余项。研究室聚焦研究方向:岩土及地下工程的安全风险预警、评估与控制,人工智能赋能地下基础设施性态的感知理论与技术,岩土多源数据的机器学习与大数据分析,多灾害下隧道易损性与可恢复性等。团队常年有在读硕博研究生和博士后研究人员近70人。

"获得首届'卓越'研究生导学团队标兵,他实至名归。学问好、品行高,思想新锐!"记者就黄宏伟教授团队获评"卓越"研究生导学团队标兵一事采访土木学院相关师生时,大家众口一词。如此齐声夸奖一位研究生导师,记者寻找答案的好奇心被深度唤醒:必须一探究竟。

一、说起智慧地下,他就刹不住车

"嗯嗯好!再往后推个半小时吧。"滔滔不绝的黄宏伟教授,停下过程风险存在的"双十一"问题的讲解,对着那位已经来过两通电话的人解释。2021年6月11日下午,黄宏伟正在跟记者科普岩土与隧道工程安全的智慧监测检测知识。作为中国土木工程学会工程风险与保险研究分会的创建人,黄宏伟充满激情地跟记者讲解无线感知网络入隧道、进涵洞,跟着钻机、顺着岩壁,盯着土与石头的静与动,监视着铁路、边坡的蛛丝马迹,他说:"我们要把汉字的'智慧'活化到监测、检测中去,要对当代土木工程展开

黄宏伟老师在学术会议上作报告

简便、快捷、高效的'望闻问切'。"他的声音慷慨、洪亮，语气里带着北方人特有的爽朗。

近年来，由20世纪60年代地下建筑教研室发展而来的隧道及地下建筑工程研究所第五研究室，已有教授4人、副教授1人，团队成员的共同目标是将论文写在祖国大地上，先后深度参与港珠澳大桥拱北隧道、深中通道、上海长江隧道工程、上海世博500 kV地下变电站、上海轨道交通、苏州轨道交通、浙江钱江隧道、武汉长江隧道、山东胶州湾海底隧道、大连海底隧道、云南山区高速公路、妈湾跨海通道工程等重大建设工程，先后获得包括2项国家科技进步奖二等奖、6项省部级科技进步奖一等奖在内的各种奖项20余项。"将目光锁定以智慧手段消弭工程风险以来，我们研究室制定了今后5—10年内学科研究的主攻方向：岩土及地下工程的安全风险预警、评估与控制，人工智能赋能地下基础设施性态的感知理论与技术、岩土多源数据的机器学习与大数据分析、多灾害作用下隧道易损性与可恢复性等。"团队成员张东明教授介绍，围着这些目标，团队常年有在读硕博研究生和博士后研究人员近70人。

黄宏伟老师团队的学术例会

学生们眼里的黄老师究竟什么样？"对黄老师的崇拜与敬仰源自他的才华与人品。"周烨璐说。

二、张东明：我学着黄老师的样儿带学生

"静水流深，润物无声"，说起黄宏伟教授，张东明便用这八个字来概括。他说，从本科开始到今天，十余年间，自己从一名不谙世事的大学生，成长为一名年轻学者，每一步都离不开黄老师的耳提面命，更重要的是他的以身示范。

"2007 年本科'隧道工程'课，老师慷慨激昂的授课彻底把我折服。"张东明说，一个深奥晦涩的科学问题，他打个比方、讲个笑话，加个网红热词，用通俗的语言，轻轻松松就让学生豁然开朗。

于是，张东明表达了想跟着黄老师读研的愿望，后如愿以偿地成了隧道五室的一员。保研成功后，黄老师约他谈话，给了他一本英文教材《隧道与隧道力学》（*Tunneling and Tunnel Mechanics*），对他说："好好看，期末和我聊聊里面都写了些什么，你有什么感想。"虽然不明白老师的用意，张东明还是老老实实、认认真真地读完了。"现在我明白了，这是在教我'武功'。"张东明说，"勤读、勤笔记、勤思考、勤交流，这是做研究的几个最基本、最核心的招数。"

转眼到了 2014 年，临近博士毕业的张东明跟随黄老师去参加国际学术会议，会上听到一位美国专家的"系统工程可恢复性报告"。一回学校，黄老师立刻指导他迅速整理相关文献，展开地下工程可恢复性研究，2016 年 1 月，研究论文发表于隧道领域顶级期刊《国际隧道与地下空间技术》（*Tunnelling and Underground Space Technology*）。"这应该是隧道领域第一篇结构可恢复性问题研究成果，类似的还有深度学习图像识别的隧道病害检测应用研究，都开了国际先河。"张东明说，论文发了，可谓是别人的"引信"引爆了我们的学术"炸弹"，这种"他山之石"的敏锐嗅觉，是黄老师从导师孙钧院士那里学来的，现在他又在身体力行地指导学生：鸟瞰学术

前沿、洞悉未来趋势、保持高度警觉，别人的话题往往就是在为我们"敲门"。

张东明说，土木工程研究，离不开工地，如何与工人打交道，是门大学问。"黄老师告诉我们：'到工程现场去！一定要和工人师傅打成一片！关在家里推公式、做计算，找不到真问题，更解决不了实际问题'。"但是，怎么去？"带包烟撒撒，买几瓶啤酒跟工人师傅喝喝，你试试。"张东明试了，好使！读书期间，这一招让他尝到了不少甜头：正在施工的、已经运营的地铁隧道、公路隧道、输水隧道、综合管廊、基坑、地下空间……跑的工地数不清，他很快就和师傅们打成一片了。

三、"羞愧得想找个地缝钻进去"

"那是深度学习的导师制课题见面会，黄老师说了几个名词，看着我茫然疑惑的眼神，声渐高音渐大，我慌得只想赶快离开那个教室。"如今已是黄宏伟的博士生的常佳奇，记忆中与老师的第一次见面可谓狼狈。他说，黄老师当时随即安排同学为他补课。

初次见面产生老师"严厉"印象的，黄宏伟的研究生中还有不少。但随后，常佳奇便尝到了"严厉"的甜头，阅卷积、全卷积……深度了解了"深度学习"后，黄老师"不土不木的知识也掌握得如此明晰"深深地震住了他，他有了跟着老师读博的想法。怯怯地写了封邮件，"没想到当天就收到回复，黄老师明确表示欢迎到他的课题组学习，并邀请我到他办公室谈一谈。"常佳奇说，那天上午谈了好久，有关学术的话题不多，关乎做人的不少：待人接物、个人形象的管理、EQ 远比 IQ 重要……"黄老师问我家庭条件如何，他说读博是一件苦差事，要耐得住寂寞。黄老师还教导我要孝顺，孝顺是人最根本的东西，要经常给父母打电话。"

"学术交流时一定要记录，组内开会都要自觉带本儿和笔""一定要快""正式汇报之前要至少自己练习 20 遍，才能达到上台的要求""隧道五室就是他践行教育理念的南山田亩"……随着对黄老师了解的深入，在初觉黄老师严厉的学生心中，黄老师的形象变得五彩斑斓。

当然，常佳奇印象最深刻的还是黄老师对基础知识的重视。"基础不牢，地动山摇。对于干工程的，这意味着什么？""什么叫初心、什么叫使命、什么叫'一切为了人民'？"一连串的发问、严厉的语气，直逼灵魂深处。主被动土压力、土压平衡泥水平衡的区别……常佳奇被黄老师问得哑口无言。面色凝重的黄老师说："本科生都知道的东西，你都读研究生了还没弄清楚，而且这是你的研究领域。""我羞愧得想找个地缝钻进去"，常佳奇说，"批评过后老师也会安慰我，然后耐心地讲解他对课题的理解，时不时在他的笔记本上画个图来加深我的理解。"

春节留校的学生在黄宏伟老师家包饺子

跟常佳奇相比，女生周烨璐眼里的黄老师则是另外一种"风景"。她说，成为黄老师学生的四年里，见他穿休闲装的次数不超过 3 次；出国开会交流时，他也会去商场挑选几件帅气的西装。见样学样儿，周烨璐跟着老师得体着装,注意形象。

　　她说,同门都知道,严厉的黄老师向来对女生都要温柔许多。分配课题的时候,女生都是做软土盾构、做设计计算的;男孩子嘛,则是做山岭隧道、做现场监测。组会上犯同样的错误,被"怼得鼻青脸肿"的男生也只有羡慕女生挨批时清风拂面的份,但女生心里清楚:错不能再犯了!比如组会迟到,黄老师说了一句:"要早点睡,否则黑眼圈要出来,皮肤也要变差。""想起这句蜻蜓点水的批评,我如闻洪钟大吕,从此杜绝了迟到。"

　　周烨璐的记忆里,每次寒假前的最后一次大组会,黄老师都会强调"孝顺父母""人不孝,无以行天下""人无孝则不立"。"有谁帮父母洗过脚吗?能为父母洗脚,就能为国家干大事"是他常挂在嘴边的话。因为黄老师看重生活中司空见惯的细节,课题组的成员都养成了进电梯后自动靠着按钮站的习惯,老师说小细节里有大乾坤,仪式感、敬畏心尽在日常细节里:人有敬畏之心,方能行有所止。

四、"黄老师变成了严父"

　　"我最不希望学生怕我,如果这样,我做老师就很失败。"这是周烨璐的文字里记录的黄老师的话。她说,最开始和他微信交流的时候,觉得老师惜字如金,说完还总喜欢加个感叹号,她感到"压力山大",每次都要对着那个"!"思忖良久。后来,她发现黄老师也发表情,也刷视频,也常点赞,便渐渐地觉得那些感叹号变得可爱起来。

　　常佳奇则清晰地记得黄老师教他们听报告的诀窍——问5个why:他为什么要这么做,带着问题听下去,这个why懂了再问下一个。5个问题之后就大致掌握了报告内容,收获就有了。

　　黄宏伟又跟记者讲起了"风险的5倍定律"。他指着圆桌上巴掌大小、壳透明、芯橘红、杂有绿条白线的小方盒说:"我们发明的无线监控传感器,20分钟一次数据,电池管用6年,低温高温,一样好使。先前有一个点,现在已做成一条线(器件装到长管中)。这种线状监视器,横向、纵向一有风吹草动，就会灵敏感知、迅速报告。"

记者问，为何现在又在做线状的传感器？"我们没有，外国人高价卖给我们，我们做出来了，他们就不好卖了。这个东西，搞人工智能的人不做，领域太专门、太小，我们搞土木的人得做，要为中国土木工程的高质量发展作出同济的贡献。"他说，我们把管子做成无线的，并且有激光测距，30米误差在1毫米以内。我们还为作业的工人设计了安全灯。在小匣子顶上安个灯，绿灯亮着放心干，黄灯亮了要警惕，红灯亮了放下工具赶紧走，工人不需要再贴铁轨听动静了。这个小装置能够秒见风险，因为可视。监视任务交给它，保险。

黄宏伟介绍，团队还牵头制定了《城市轨道交通地下工程建设风险管理规范》《基础设施无线传感网络监测技术规程》等，智能的小盒子让这些国家标准落地，现正在云南华丽高速、上海地铁二号线发挥作用。设备安装极为简单，贴上去，数据立刻如流水，一分钟一次，源源不断。英国高铁、云南边坡都用上了这个设备，装起来方便、用起来高效，数据真实可靠，真能解决大问题。

黄宏伟说，团队还研发出了检测车，隧道里一跑，状况立刻清楚。现在，西部道路建设大规模展开，团队针对过程风险存在的"11重11轻（双十一）"情况，正在开发岩石、边坡掌子面安全风险诊断相机，比如每掘进一两米拍一次，用相机来完成望闻问切中的"望"，无人化、AR技术在土木领域完全可以大展拳脚。

这些诱人的科研成果，都是团队师生齐心努力的结果。周烨璐说得真切："从一开始被黄老师召唤时的战战兢兢，到如今以如此轻松的口吻写下'学艺'的点点滴滴，一是因为科研逐渐进入了状态，再就是因为黄老师变成了'严父'。"如今，周烨璐又跟着黄老师读博士了。

黄宏伟的学生，杰出者如张冬梅，参与港珠澳大桥建设，为5台阶14步开挖工法提供了科学依据，如今已经广泛应用；她也成长为同济大学隧道及地下工程研究所所长，还获得了第十六届中国青年科技奖。国家优青入选者张东明教授则已成长为团队副导师。

  黄宏伟说，学位论文答辩很重要，很隆重。如今，隧道五室的答辩会，线上线下同时进行已经常态化。这对学生是喜事，因为学位论文答辩会的重要性不亚于婚礼。有位学生，线下参与答辩，同时为家人开通线上旁听，学生的外婆在线上镜头里激动得热泪盈眶。答辩结束，黄老师留出时间，让学生说感想、谈体会，说着说着，学生都哭了，老师也忍不住流泪了。"带着这些学生真幸福，个个都是好后生！"黄宏伟说。最近他去了宁波大学，学生黄强在那里。黄强回想起在同济求学的时光说，当时被老师批评的时候觉得心里憋屈，现在想起来，老师的批评句句都是金玉良言。说着说着，黄强还哭了。

  每年，研究生招生尘埃落定，黄宏伟都是"香饽饽"。

（撰稿：程国政，土木工程学院隧道五室大家庭全体成员）

规划人才培养，这样接地气

——建筑与城市规划学院彭震伟教授团队

【团队简介】

团队由学院1位教授、2位助理教授和同济规划院2位高级规划师、1位副研究员共同组成，是一支"产、教、学、研"高度融合的面向我国城乡规划人才培养的重要导学团队。团队始终坚持"好规划是用脚丈量出来的"理念，多年来深入祖国的天南地北，让基础薄弱村变成网红打卡村，帮扶边境少数民族自治县，支援汶川地震灾后重建工作，踏遍我国南海西沙群岛大小岛屿提升珊瑚岛礁人居环境建设……团队以"知行合一，服务社会"为理念，在教学、科研、实践过程中，力行接地气，真题真做，真做真落实，培养了硕博士毕业生80余人。团队内潜心治学氛围浓厚，团队成员思路开阔、涉猎广泛，主持国家级重大课题10余项，在中外核心期刊上发表高水平学术论文60余篇，并将大量科研成果广泛应用于城乡规划实践中，多次获得国家级优秀城乡规划设计成果奖。

他曾带着团队让基础薄弱村变为网红打卡村，也曾为帮扶边境少数民族自治县在极寒天气下与学生一道驱车 9 个多小时，还曾踏遍西沙群岛大小岛屿提升当地环境建设……他鼓励学生们多出去走走，从专业的角度思考问题。多年来，建筑与城市规划学院彭震伟教授带领学生们取得了丰硕的规划成果，团队也因此获得同济大学首届"卓越"研究生导学团队标兵的荣誉称号。

一、好规划是用脚丈量出来的

"今年夏天，村里 50 亩的'藕遇公园'已成为市民的打卡地。我们水库村现在回得了过去，到得了远方。待到田园观光体验区、特色花海区成型后，登上观景台，满园芬芳就'关不住'了。"村书记沈海峰现在每每跟人介绍起水库村，脸上都洋溢着无比的自豪。曾经的水库村虽属上海都市型乡村，但因为偏僻闭塞，百姓连出村都是个难题，这里因此被称为"水库里"，长期顶着薄弱村的"帽子"。2019 年开始，彭震伟受邀担任水库村乡村规划师，带领团队开始为水库村"整容"。

"我们跟着彭老师一起到村里开会讨论，看他检查工作进展，纠正工程偏差，提出设计修改意见，我们学到了很多书本上没有的知识。"学生刘诗琪告诉记者。三年多来彭震伟带着学生们走遍了村里每一个角落，眼见着水库村的颜值和气质都大大提升，学生们感到自豪又充实，他们告诉记者："村民们见到我们就有说不完的话，我们的成就感满满的。"

从那时开始，同济大学的学生暑期社会实践、中日韩国际学生设计竞赛、城市规划系和景观学系的设计课程就经常在水库村摆开阵势，学生们通过调研、设计逐渐读懂了什么叫乡村振兴，思考上海这座全球城市为何还需要水库村这样的乡村。

长白县是全国唯一的朝鲜族自治县，地处中朝边境地区，多年来长白县的发展受制于多方面因素，社会经济等指标落后于吉林省平均水平。长白县时任领导找到了彭震伟。2012 年年底，彭震伟带领学生调研团队登上

整治后的水库村风貌

了飞往吉林省的班机，正好赶上当地下起大雪，原定飞往抚松县机场的飞机只能降落长春市。一下飞机，师生立刻转坐开往长白县的汽车，9个多小时冰天雪地、白雪茫茫，真的是"行路难，行路难"！邓潇潇同学回忆，所有的汽车都安上了防滑链，车队走走停停。"零下30多度，那种冷刻骨铭心！"邓潇潇说，"长白县调研的路途虽然艰辛，但皑皑雪景也是我们这些南方孩子难得一见的，这段经历终身难忘。一路上，彭老师总是笑眯眯地看着我们。"

彭震伟团队深入长白县的城镇乡村，针对当地实际，提出"一极、两带、两片、五廊、八点"的生态安全格局规划，绘出"4+2+X的产业体系战略构架"。经过数年的努力，位于边境山区的长白县成功走出一条"新型城镇化"道路，成功进入第二批国家边境开发开放试验区之列，团队的长白县发展规划，也获得了全国优秀城乡规划设计（村镇规划类）一等奖。

晕船、高温、缺水、台风……欧冉同学清晰地记得2014年彭老师带队

长白县调研途中

三沙市工作照

参与三沙市规划建设工作的情形。搭乘冲锋舟，挤板床睡，在摇晃的船舶上、岛礁的沙滩空地上开会，足迹踏遍西沙群岛的大小岛礁；条件虽艰苦，但看到三沙市岛礁建设日新月异，环境品质不断提升，大家感到充实又自豪。团队中，彭震伟在三沙度过了每一个建市纪念日和多个节假日，教师高璟带伤指导同学们工作。数年来，大家与三沙人民结下了深厚的友谊。令人欣喜的是，欧冉同学还以西沙群岛岛礁人居环境为主题，完成了自己的硕士学位论文。

采访获悉，近年来团队主持国家级重大课题10余项，省部级课题10余项，每一个课题就是一座培养人才的大熔炉。"我们的足迹印在哪里，我们的人才培养就接哪里的地气，真题真做，真做真落实，30多年来的30多个大项目，培养了一批又一批祖国急需的规划人才。"彭震伟告诉记者。

二、知行合一，服务社会

"不喜欢逛街、不喜欢旅游的人就做不好规划。"彭震伟经常鼓励学生们多出去走走，他常说，这个专业的人，即使在逛街或者旅游的时候，也会带入自己的专业视角，去思考，去组织线路。而这种"无意识"，会积厚成器，涵养自己日后的规划项目的品质。

思路开阔、涉猎广泛，团队内部"潜心治学"的氛围浓厚，这是记者采访过程中的鲜明感受。参与都江堰灾后重建规划、龙岩市区域竞争力发展战略研究、舟山群岛千岛商务区空间创意设计竞赛……在一个个真题真做、做出规划就变成实施方案的项目中，大家满满的都是自豪感、真真切切地磨就了专业技能。

离开学校、走上社会，学子们个个都是隽才。朱玮博士毕业后创办了国匠城新媒体与知识社群，该社群已经成为城乡规划行业覆盖面最广的行业自媒体之一，他兼任中国城市科学研究会大数据专业委员会委员、城市治理专业委员会委员、腾讯课堂优秀讲师，在大数据与城市规划领域开设多门课程；罗长海博士毕业后积极投身于政府部门基层实践工作，2012年起出任海宁市盐官景区管委会副主任，分管规划建设工作，2019年起担任海宁市自然资源和规划局副局长，分管国土空间规划和管理工作；潘斌博士毕业后进入苏州科技大学建筑与城市规划学院工作，聚焦乡村规划教学改革和建设，指导学生连续三年在全国高等院校城乡规划专业大学生乡村规划方案竞赛中取得优异成绩；叶可央硕士毕业后参与徐汇滨江开发建设至今，从基层专业人员，逐步成长为通专业、带团队、懂管理的复合型人才，现任上海西岸开发（集团）有限公司副总经理……

三、这支团队有深度更有温度

力行接地气，参会长眼界、扩胸怀。2004年开始，彭震伟就非常支持研究生参加全国性甚至国际性的专业会议，他经常拿出自己的科研经费资助学生，他说"谁的论文在我这里通过了就去参会"，这样一来，争强好胜的弟子们跃跃欲试、各显神通，最多的一次竟有七八个同学去参会，而彭震伟每每说起此事，总是笑逐颜开。多年来，团队每年都会大规模参与中国城市规划学会举办的规划年会，很多同学"竞标"成功后参与国际性会议，在会议上发言也渐渐成了家常便饭。2016年开始，团队的学生还会参与部分专题会议的志愿者工作，通过记录会议发言、整理专家报告等方式进行学习。"这些历练，在我所能给予的小环境里是得不到的。"彭震伟依然笑眯眯的。

学生们除了在学业上收获满满外，在生活中也常常能感到家的温暖。唐伟成博士2020年赴美国公派留学，恰逢新冠肺炎疫情暴发，彭震伟多次询问他的生活与学习状况，并将专家提出的海外防护建议与要点转发给他。访学结束前，不断叮嘱他归国途中的保护措施与注意事项。"彭老师的关心与鼓励让我安心地完成了博士论文，度过了那段艰难、焦虑、充满不确定性的时光。"

在2020年年底的团建活动中，彭震伟十分感慨地说："很抱歉平时由于工作的原因,不能把更多的时间分给你们——我最亲近的人们。但是,不促膝也能一样交心、交流,大家有需要,可以发微信、邮件,打电话,对于大家的每一个愿望、要求,我都会竭尽所能。"

(撰稿:陈婷,陆嘉)

这个温暖的团队既有力量,又有担当

——机械与能源工程学院林建平教授团队

【团队简介】

团队由林建平教授和闵峻英教授领衔,主要从事先进成形、汽车轻量化方面的研究。团队现有导师4名,博士生11名,硕士生25名。该团队导师以人格魅力和学术造诣引导学生,学生求实求新,不懈开拓。团队规章制度明确、文化内涵丰富、导学关系良好、研究保持国际前沿水平且符合国家战略需求。团队已发表SCI一区论文30余篇,专利29项,专著8部。获评上海市优秀博士论文、机械工程学会上银优秀博士论文、同济大学优秀博士论文、上海市优秀硕士论文等。截至2022年,团队已经培养研究生140多人,毕业生去向遍布五湖四海,在祖国需要的地方发光发热。

薪火相传，润物无声，以独特的人格魅力温暖学生心灵。因材施教，注重全面培养，以赤子之心为祖国培养全方位人才。同济大学汽车轻量化研究生导学团队由林建平教授和闵峻英教授领衔，在塑性成形和汽车轻量化领域研究硕果累累，同时形成了规章制度明确、文化内涵丰富、导学关系良好的团队氛围。

一、实干笃行，创新致远

2021年3月，习近平主席在中央财经委员会第九次会议上的讲话中指出："实现碳达峰、碳中和是一场广泛而深刻的经济社会系统性变革，要把碳达峰、碳中和纳入生态文明建设整体布局，拿出抓铁有痕的劲头，如期实现2030年前碳达峰、2060年前碳中和的目标。"汽车轻量化可以大大减少汽车的能源消耗，减少碳排放。然而汽车用钢既要轻、又要高强度以保证安全。高强钢成形难度很大，因而用高强钢成型合格的汽车零件是行业中一个不小的挑战。"无论遇到什么困难，要有实干家的精神和迎难而上的勇气，做出有意义的研究"，林建平、闵峻英经常这样为大家加油打气。近年来，团队通过实验发现并证明了第三代先进高强钢屈服面的演化行为，为第三代先进高强钢的开发、应用以及汽车碰撞安全水平的提升提供了重要的力学理论基础；发展了金属板材颈缩扩展的物理模型，提出了基于曲率变化的成形极限精确测定方法，终结了学术界四十余年来Nakazima和Marciniak两种传统实验获得成形极限不一致问题引起的争论；提出了一种"包含零部件局部材料性能设计"的机械轻量化设计新方法，实现了现行轻量化设计方法和理念上的一次突破……发展至今，团队已是国内外塑性成形、汽车轻量化领域具有重要影响力的国际化团队。团队获国家教学成果一等奖、机械工业部科技进步奖、上海市科技进步奖等奖项；发表高质量论文40余篇，专利29项，专著6部；毕业研究生论文获评上海市优秀博士论文、机械工程学会上银优秀机械博士论文、同济大学优秀博士论文、上海市优秀硕士论文等。

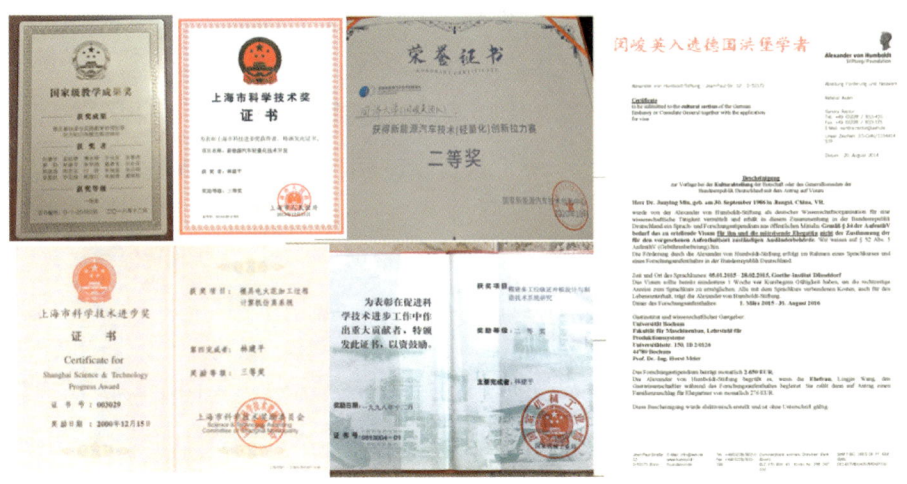

潜心治学，荣获多项国家及省部级奖励

二、纪律严明，又充满人情味

每次新生入学，团队里的导师们都会集中说明实验室的规章制度。实验室规定："允许无能，但不允许不努力；不允许说不会、不能或做不了、不能做；师兄师姐有指导和帮助师弟师妹的义务（包括已毕业的学生），师弟师妹必须协助师兄师姐完成需要的工作。"另外，实验室还建立了论文和专利发表的奖励办法、设备管理制度、文化建设制度等。"无规矩不成方圆"，团队中的同学们无不感叹自己从中受益匪浅。

2020年春节，实验室多名研究生响应国家和学校号召，就地过年。林老师给就地过年的同学发放了"暖心大礼包"，让大家在过年期间能够得到充足的生活保障；闵老师则邀请同学们去自己家吃年夜饭共度除夕。团队里的老师们常说："你们生活上遇到任何困难都可以找我，只要能帮的上，我都会竭尽全力帮助你们""课题组是一个大家庭"。就这样，团队成员们紧紧地团结在一起，形成了一个有纪律、又温暖的家。无论是在读的学生还是已毕业的学生，都能感受到这个大家庭的互助和温暖。团队还建立了专门的主页和微信群，实时更新团队最新的研究和动态。即使是已毕业的学生，也可以在网上及时跟踪团队的最新研究，从中发现对自己工作有帮助的信息。

在学生学习、工作、生活中，团队导师扮演了"师长"兼"朋友"的角色。老师们不仅主动在学生在日常学习、科研、生活中遇到思想困惑和现实困难时给予关心和帮助；还积极对学生进行心理健康教育和人文关怀。导师组还会提供经费送学生去著名的科研机构实习交流，如孙博同学参与同济大学—香港理工大学博士双学位项目，导师组便提供了10万港币支持其在香港的学习和研究。近年来，团队中近30名学生赴美国密歇根的美国通用汽车全球研发中心访学半年以上。

作为教师党员，导师团队注重对研究生的思想引领，以身作则，把思想教育与专业教育结合起来，以良好的师德影响和教育学生，引导他们在思想、学习、科研、生活等方面健康发展。

在新生军训时，林老师、闵老师作为随训教师，经常到军训场地给新生们做思想工作，教育同学们不怕吃苦，鼓励同学们认真军训，磨练意志。

汽车轻量化实验室户外团建活动

近年来，林建平教授获得同济大学 2012—2013 学年"优秀学生思想政治工作者"荣誉称号、2016 年获得"同济大学优秀共产党员"称号以及 2019 年获得"同济大学师德师风优秀教师"称号。年轻导师闵峻英教授则多次参加驻楼导师活动，在和同学们的交流中分享自己求学时的心路历程，为同学们答疑解惑。

三、祖国的需要，是我们的荣光与担当

"国家的发展与个人的学习和未来进步是息息相关的，一入校，你们要积极思考和探索自己的未来方向，把自身发展与国家的命运紧密结合"，林老师、闵老师经常这样说。两位老师经常和大家介绍机械工程学科的发展前景、学生毕业去向，对学生因材施教，鼓励学生热爱学校、热爱专业，帮助学生完善人格、确定人生目标。毕业生们则结合自身兴趣与国家发展的需要，选择自己的人生道路。他们大部分去往汽车行业，立志推动国家汽车研发技术、先进制造技术、新能源汽车技术的发展。已毕业的学生担任企业领导与技术骨干的不胜枚举，如入职上海通用汽车公司的 3 名学生，三年后全部晋升为该企业的专家组成员。张铃博士入职后便担任蔚来汽车的高级专家；吴泳荣博士入职蔚来汽车短时间内晋升为制造部经理。硕士毕业生吴龙瑛现在已经成为上海君合律师事务所的合伙人，严晓久成为舍弗勒中国区的工艺总监。另外，也有同学前往西部服务，如安强目前在新疆维吾尔自治区经信委工作；加尔肯白克·加沙来提在新疆金风科技股份有限公司工作。同时，课题组还培养了一批优秀的教育工作者，在各大高校和研究所承担教书育人与科研攻关的重任。团队中的德国洪堡学者闵峻英教授，便是团队自己培养出的优秀学者，回到同济大学工作后，成为机械与能源工程学院最年轻的教授，目前担任中德机械工程中心副主任；田浩彬目前是上海第二工业大学教授，担任系主任……

团队导师还鼓励和指导研究生参与各种社会实践和志愿服务活动。如博士生万海浪，在新冠肺炎疫情期间，主动参加疫苗接种志愿服务。此外，

团队中还有 4 名研究生有参军、保家卫国的经历。

　　毕业生孙博在博士论文的致谢中写道:"如果有人,在寒冬腊月里怕你无处可去,带你吃饺子,给你买棉衣;如果有人,耐心地教你学知识,手把手地教你学本事,热心地带你长见识;如果有人,不计投入地帮助你,不计回报地支持你,不厌其烦地包容你;如果有人,最开心的是你的成长,最醉心的是你的成才,最忧心的是你的学业……这个人就是我的导师!"这样的导师,谁又不爱呢?有担当的老师吸引来有担当的学生,有担当的学生在团队中茁壮成长,为团队贡献自己的力量,整个团队就会越发优秀。多年来形成的这种"正反馈",让这个团队不断发展,结出累累硕果。

(撰稿:赵智豪)

一枝一叶总关情
——土木工程学院石振明教授团队

【团队简介】

团队有教授4人,副教授1人,高级工程师1人,近20年累计培养硕博士122人。团队秉承"先做人,后做事"的理念,培养德智体美劳全面发展的新时代建设者和接班人,党员占比60%以上,近五年来10人次获国家奖学金,6人次获优秀毕业生、优秀学生等荣誉称号。团队聚焦国家发展战略和重大工程建设中的地质灾害防灾减灾需求,开展强震区边坡灾害机理及防治工程、堰塞坝灾害链时空演化规律等系列研究,累计发表论文200余篇,参编国家及地方行业技术规范(标准)7项,研究成果多次获省部级自然科学奖、优秀论文奖等荣誉。

他常年奔波于各个项目施工现场，带领团队创下多个纪录，多项基建工程获评"上海市文明工地""上海市优质结构"等奖项；他发挥专业优势，将实践育人、服务育人与学生创新创业有机结合；他，就是土木工程学院石振明教授。

一、落实立德树人任务，筑牢理想信念之魂

"我志愿加入中国共产党，拥护党的纲领，遵守党的章程……"在新入党的教师中，从香港科技大学毕业的彭铭老师正是其中一员，同时他也是石振明教授团队的一名教师。在谈到自己的入党动机时，彭铭老师自豪地说："是团队爱党拥党的氛围感染了我，使我无比坚定地想要加入中国共产党。"事实也正是如此，石振明教授导学团队注重党性教育，在土木工程学院堪称"家喻户晓"。为让团队师生深刻认识和理解中国共产党百年光辉历程，石振明注重现场教学，带领团队成员参观陈云纪念馆、中共一大会址等红色纪念场馆，领悟建党精神；前往浙江嘉兴"红船"边亲身感受红船精神；前往5·12汶川特大地震纪念馆体会抗震救灾精神……博士生沈丹祎回想历次党建活动时说道："团队的每次党建活动，都是一次深刻的党性教育，都能让自己更加坚定作为一名党员的初心和使命。"这种氛围也深深地感染着新加入团队的学生，张科是一名研究生新生，在第一次团队组会汇报时，他说自己研究生阶段的奋斗目标之一就是积极向党组织靠拢，争取早日成为一名共产党员。正是在团队的思想引领和融洽氛围感染下，团队青年积极向党组织靠拢。

二、服务国家战略需求，打造一流地质团队

"这是2008年5·12汶川地震时，直升机将我们投送到的地方。"石振明每年到唐家山堰塞坝残余坝体考察时，总会向学生们提到他从"软土地基处理"领域进入"地灾"领域的科研转折点。5·12汶川地震引发了大规模的山体滑坡，其中唐家山规模最大，直接威胁下游绵阳地区20余万人

民群众的生命安全。危急情况下，石振明作为专家成员第一批赶赴现场开展救援，这次的经历也让他深刻感受到地质灾害对人民生命财产及国家发展造成的巨大损失。自此石振明教授导学团队决定要向超大规模堰塞坝处置这个世界性难题发起挑战。经过多年的努力，团队在强震区边坡灾害方向创新性地提出岩土体多尺度多相耦合作用下的失效理念，构建了裂隙岩体宏细观尺度下的劣化损伤与固—液—气多相弱化分析模型，提出了从全寿命和全流域角度研究堰塞坝灾害链时空演化规律，建立了一套地质灾害快速定量评估方法。

近年来，在团队成员的共同努力下，科研攻关硕果累累。团队主持国家重点研发计划项目、国家自然科学基金项目以及各项省部级科研项目 50 余项，入选国家及省部级人才计划 3 人次，发表论文 200 余篇，主编、参编教材 7 部，出版专著 6 部，参编国家及地方行业技术规范（标准）7 项，组织国内外学术会议 10 余次。团队学生五年来共 10 人次获得国家奖学金，6 人次获优秀毕业生、优秀学生等荣誉称号，博士生沈丹祎获得《水利学报》优秀论文奖，博士生朱艳获得 APSSRA2016 Wilson Tang 最佳论文奖。

唐家山堰塞湖现场考察

溃坝模型实验指导　　　　　　　大型堰塞坝溃坝现场实验

三、以专业实践为契机，培养师生知行合一

石振明教授导学团队注重实践教学，鼓励学生以理论指导实践。近几年团队开展了一系列实践教学改革，将专业学生的实习基地调整为地层出露更丰富、地质现象更全面的秭归基地，并及时改进了实习内容和教学方法。团队还积极鼓励和支持学生参加挑战杯、野外地质调查等各类科创活动。2014年至今，团队每年组织研究生赴四川汶川地震灾区、云南东川泥石流灾区、云南鲁甸强震区、西藏江达等地质灾害易发区开展现场调查，培养学生在科研实践中发现问题、认识问题、解决问题的能力。团队博士生周明俊谈道："见到自己的研究对象，感受它的演变过程，真正认识到它的危害，是野外现场考察所起到的不可替代的作用。"

团队定期开展科研交流活动，如每周例会、每两周分组研讨、每月学术报告、每学期"同济岩体工程合作与创新论坛"，并组织"咖啡时间""头脑风暴"等学术创新研讨活动，举行具有仪式感的团队年度学术贡献表彰大会，以此促进师生交流，培养学生知行合一。团队以提升研究生质量为核心，坚持高标准、严要求，将培养德才兼备的高层次创新人才作为团队工作的重心。团队要求内部成员的研究工作一定要服务于国家战略需求，始终牢记"将论文写在祖国的大地上"。团队的研究工作广受好评，中科院陈祖煜院士曾多次在大型会议上表示，石振明教授团队的研究成果是堰塞坝溃决参数预测和溃坝过程模拟领域的重要进展，对堰塞坝应急处置和科学决策具有重要意义。

四、爱岗敬业立足基层，勇于担当积极作为

石振明鼓励学生参与志愿服务活动，引导研究生树立服务意识和奉献精神。团队导师和学生活跃在各类会议和活动中，并发挥着重要作用。团队导师作为中组部第九批"博士服务团"成员，2008年在西藏自治区建设厅挂职锻炼；团队学生熊曦参与创办了同济大学"彩云之南"支教团；学生宋晶利用多个假期到云南山区小学支教；学生罗泽军、杨江涛、赵思奕、周圆媛等参与了国际会议志愿服务工作；学生刘鉴、沈丹祎、周圆媛等参与了同济大学校庆志愿者服务工作。

谈及团队学生，石振明的言语中满满的都是骄傲和自豪。"散是满天星"，近年来，团队研究生从同济毕业后，奔赴全国各地，在平凡的工作岗位上发光发热。团队近20年共培养研究生122名，当年就业率达100%，其中10余人在中西部地区就业，更有一大批毕业生选择基层企事业单位作为职场第一步，将自身所学奉献家乡。团队每学年都邀请已毕业学生为在校研究生分享求职就业经验，支持和鼓励团队学生勇于到基层一线和艰苦地方去，志存高远、脚踏实地，坚持从实际出发，勇担时代使命，把人生的路一步步走稳走实，努力在平凡的岗位上创造不平凡的业绩。

五、以文体活动为抓手，团队成员全面发展

石振明对于大学育人有着自己的理解，他反复强调："大学培养人的场地不仅仅是图书馆、教室、实验室，大学校园的每一个地方都是培养人的地方，校园里的每一个人都可能给你带来新的知识、新的观念。"团队每季度都会举行乒乓球团体赛、篮球友谊赛、羽毛球比赛等文体活动，每学期都会组织野外素质拓展训练活动，如2016年真人CS团建、2017年余姚团建、2018年杭州春游登山运动、2019年东方绿洲团建、2020年每周周末5公里跑步等，帮助学生在体育锻炼中享受乐趣、增强体质、健全人格、

锤炼意志。团队根据学生需求每学期为学生购置各类图书，举办图书阅读分享交流会，培养学生阅读习惯，引导学生利用信息时代的各种资源，从多种渠道充实和发展自己。

团队老师鼓励学生学有所长，多方面发展自身兴趣。例如有学生因酷爱健身，在学期间考取了职业健身教练证；有学生多次参与街舞比赛，荣获同济大学街舞大赛冠军；目前在武汉岩土所工作的学生刘鎏曾获得同济大学校园十大歌手大赛亚军，回忆起自己在团队里的时光，他总是会强调团队的全面发展理念使他受益终生。

攀登金山岭长城　　　感恩九九社区活动　　　刘鎏获得校园十大歌手大赛亚军

黄兴公园每周跑步　　　同济大学足球决赛捧杯

石振明教授带领的土木工程学院地质灾害与岩体工程研究生导学团队，具备忠于事业的"精诚"，拥有攻坚克难的"气势"，颇具追求卓越的"神采"，他带领学生长期扎根一线，奔波在最关键的考察和施工现场，在地质灾害及岩体工程专业领域创造了一个又一个记录和奇迹；他坚守"为国育人，为党育才"的初心和使命，筑牢学生理想信念，培养出一个又一个有理想、有担当、全面发展的创新人才。

（撰稿：彭铭）

和风细雨的力量

——航空航天与力学学院李岩教授团队

【团队简介】

团队由国家杰青、国家和上海市高层次青年人才等12位同济大学教师组成,是一支面向航空航天国家战略需求培养复合材料设计与制造高端创新人才的重要导学力量。团队始终坚持立德树人根本任务,积极承担学校"双一流"建设使命,勇于实践三全育人综合改革,在科研攻关、人才培养等方面取得显著成效。团队以"宽视野、厚基础、强创新、重应用"培养理念,实行定期"大组会、小组会、一对一面谈"多层级协同培养模式,培养硕博士毕业生56人(上海市和同济大学优秀毕业生12人),获第一届同济大学卓越研究生导学团队标兵称号,为国家战略领域输送优秀人才20余人,毕业生已成为中国商飞、中航工业、航天科技、兵器工业等国家重点单位的骨干力量。

"她说话，和风细雨，不疾不徐，但句句直逼要害！"航空航天与力学学院李岩团队的青年才俊杨伟东研究员告诉记者，他从本科到硕士，一直跟着李岩教授带领的先进复合材料设计与制造团队，如今已经从海外回到团队，也成了一名导学者。

一、"用更好的材料支撑蓝天梦"

"把大飞机搞上去""建设航天强国""在上海打造具有全球影响力的航空航天产业集群"……"习近平总书记的殷殷嘱托，我们牢记在心"，李岩说。十余年来，该团队将研究目光牢牢锁定在航空复合材料领域，目前已经分蘖出四个研究方向，形成一支50余人的强大团队。

业内人士都知道，航空材料分为结构材料（用于飞机机体、发动机壳体）和功能材料两大类。功能材料又细分为碳纤维即复合材料、金属基复合材料、陶瓷基复合材料等，李岩团队从事的就是复合材料研究。"如果说'卡脖子'问题，大飞机里的蜂窝纸就是其中之一。作为大型客机的主要用材，其用量已成为衡量飞机先进性的重要标志之一。当前我国研制的大型客机所用的芳纶蜂窝纸全部依赖进口。正因为如此，国家将其列入科技攻关2020年度重点项目，全国征召'揭榜'之人。"杨伟东说，"按照项目申报指南要求，我们揭得榜归，团队决心拿下芳纶蜂窝夹芯结构材料。"

经过十余年的研究，团队迅速发展壮大，目前已形成包括杰青、国家与上海市高层次青年人才、东方学者、浦江人才、上海晨光学者等在内的6人导师队伍，承担科技部（国家重点研发计划、"973计划"）、国家自然科学基金委、工信部（中欧航空科技专项）、中国商飞、中航发商发、波音等纵向、横向项目20余项，有在校博士生18名，硕士生13名。团队牵头人李岩先后获评上海市教卫系统优秀共产党员、上海市三八红旗手、上海市巾帼建功标兵、同济大学师德师风十佳优秀教师称号。李岩说，自己最崇敬的人是杨绛先生，崇敬她的超凡脱俗、温柔敦厚、含蓄内敛，她的处变不惊和深沉的人文关怀，她的沉郁淡泊、含蓄深情。

李岩(右二)在给学生授课

"科研与育人,李岩团队近年来都取得了可喜的成绩。"这是学校评审专家对该团队的评价。

二、"漫漫长夜后曙光渐露"

"我就是被李老师的风采迷住的,她总是笑眯眯的,心平气和却又令人无法抗拒。"杨伟东说。

在杨伟东的眼里,李岩老师自带光环。李老师的父亲是飞行员,李老师北航毕业后跟随悉尼大学米耀荣教授(澳大利亚科学院院士、中国工程院外籍院士)攻读博士,做的就是航空复合材料研究。"李老师讲课,是有幻灯片的,但她从来不看,娓娓道来,课堂堪比'故事会',航空航天的历史知道了,任务知道了,原理、公式也在快乐中知晓了。"在杨伟东的眼里,李岩老师就是神一般的存在,她讲课时还经常走到学生中间,拍拍这个、点点那个,回答问题。学生只觉得时间过得太快。

"航空，中国人起步很早。神话里的嫦娥飞天梦，明朝万户把自己绑在47支火箭支撑的椅子上想飞天，都是关于蓝天的梦。但是今天我们跟世界先进水平的差距相当大，如发动机、蜂窝纸，一旦人家'卡脖子'，我们就得停工。"李岩告诉同学们，为国家，我们必须奋起直追。

"李老师太有魅力了，我当时就下决心跟她继续深造。李岩老师的课堂帅爆了！包括同门，都喜欢听李老师讲课，我们听到了很多故事，很多矢志航空的前辈的拼搏故事。我们暗暗下决心，一定要保研，要跟着她钻研复合材料。"杨伟东说，喜欢听她和风细雨、声音清亮地讲话，她身形纤细但气场强大。"她说的每一句话，我们信。这大概就是和风细雨的力量。"

你以为和风细雨就是诸事顺遂，那你就错了。杨伟东千挑万选，终于跟了李老师，完成基本课程后，开始撰写小论文。

"李老师很细，蒙混不过去，几句话就问得你丢盔弃甲，就得按照她的要求做。"年轻气浮的杨伟东想不通，为什么这么文雅有涵养的老师总要跟自己过不去。杨伟东做的是飞机复合材料吸声降噪特性研究的论文。"我早上发给李老师，她一直改到中午；然后我收到后发现，论文上批注了密密麻麻的各种符号，乍见到，瞬间头脑炸裂，李老师的质疑事无巨细，我便按照她的批注一一细化、深化公式推导及字词句的表述。"

然而，李老师还是一如既往地语气平和、和风细雨，不紧不慢地挑毛病。起初心中翻江倒海的杨伟东最后归于平静："认了！就这样不眠不休改到第二天早上，发给她，她又会在中午前后回复我，我又掉入痛苦的深渊，就像马拉松运动员的瓶颈期：我的明天在哪里？"

"再难也得走下去！我就不信了，弄不出她满意的文章来！"杨伟东拧上了。李老师就这样和风细雨地驯服了这匹来自黄土高原的小马驹。

"至少修改了五六遍，改到最后不觉得痛苦了。因为漫漫长夜后曙光渐露，汩汩而来的喜悦无法形容。"杨伟东说，那是2012年的事，作为硕士生的他，发表了这篇吸音降噪的小论文。结果成了高被引文章，总引用次数近两百次（航空复合材料吸声降噪领域极窄）。这次课题组项目获得上海市自然科学奖二等奖，这篇文章也是一份支撑材料。

三、"李老师说，受挫折越早越好"

"李老师说，受挫折越早越好。"杨伟东记住了李老师的这句话，眼睛里流露出的都是感恩之情。他说，那时候，被李老师"揪"惯了，每次组会，课题组中那个"失败者中的NO.1"就是他，他是被批评得最多的。每次开组会，他都尽量离她远远的，总是坐在她座位最远端斜对面那个位置，可是就算这样还是经常被"拎"出来，拍拍打打晾晾晒晒，尴尬羞愧却也无可奈何。他通过硕士毕业论文答辩后，被李老师叫回来修改那篇小论文。在修改过程中他逐渐开始思考，"天将降大任于是人也，必先苦其心志，劳其筋骨"，只有戒骄戒躁，心平气和，才能取得成功。想明白了这个道理，他后来做博士、博后的学术道路就顺利多了。

从新加坡国立大学回校，杨伟东从事的是智能复合材料的研发。"让人工智能为复合材料赋能，让我们的研究使智能材料的感知更灵敏、判断更准确、响应更及时。"杨伟东说，他也走上讲台了，也学着李老师的样儿讲课，比如讲授牛顿定律，他先讲牛顿怎么发现了"牛顿定律"，故事容易入脑，然后顺带着就把"定律"讲清楚了。他的课堂也和李老师的一样，"抬头率"很高。

杨伟东说，现在想想当年改论文的事，回忆都是甜的。跟着李老师干活，团队人欢马叫。2021年4月的"芳纶蜂窝纸"项目，项目申报指南一下来，团队就开始准备，因为疫情原因会议常常在线上举行，反复讨论了近9个月，终于拿出了她满意的方案。然后开始申请，前后经历了一年多，终于成功揭榜。项目由团队牵头，在商飞启动，同济负责理论研究、技术攻关。"我们一定要让国家的'脖子'不被卡！"杨伟东语气坚定。

跟杨伟东比起来，李岩的另一个博士李倩就是"乖乖女"了。李倩也是在李老师的"航空复合材料"课堂上认定了她，然后一帆风顺、一路"开挂"到如今。不到400克的材料做成的桥，桥中间可以站两个人，你信吗？李倩等人在李岩等老师的指导下，就凭这个拿到了世界"SAMPE超轻复合材料"大赛金奖。李倩说，她从2009年开始连续三年参加全球复合材料比赛，每次拿到的都是金奖。"但是，我本科时，选李老师的课，得的却是'良'，'优'给了一名男同学。当时我的意见很大，路上碰到她都躲着走，现在回想起来，李老师可能是在历练我吧。"李倩说，她刚刚完成博士后研究回到母校并加入团队，接下来她也要以所学传青衿，传道受业解惑了。

李倩说，大学期间，在李岩老师的感召之下，她也成了一名中国共产党党员。她也和李老师一样，时时处处以"志在蓝天、航空报国"的标准要求自己，希望能将自己的所学所知所想全部奉献给祖国。"我知道，前面还有千难万险在等着我，但我要为了国家奋斗、拼搏。每每想到等我年老时，我问自己'你为国家做了什么'的场景，我全身上下的每一个细胞便会振奋起来，斗志满满。"看着李倩娇小的身体，我明白了什么是信仰和理想的力量。

四、"这支团队的战斗力很强"

采访就像理葫芦藤，听了杨伟东的描述，记者找李岩求证，她说："没觉得呀！他坐到角落里？伟东很优秀，打磨打磨他会成为一名骁将。"正说着，她发给我一张图片，原来是袁卫可的学位论文致谢，"我们学位论文答辩刚结束，同学们都很优秀！"李岩说，和学生们在一起讨论问题、谈天说地，是自己最幸福的时刻。

顺着她的"剧透"，记者找到了袁卫可。"继续深造吗？""暂时不啦！去深圳华为。"

"十分庆幸、十分开心能够在这样一个课题组中度过硕士学业生涯。"袁卫可在致谢中写道。他说，怎样才能各方面都很优秀？大二下学期，自己幸运地遇到了"人生的标杆"——李岩老师。精彩的课堂、温暖的鸡汤、丰富的阅历，再加上那脱俗的气质，在第一堂课上就被她深深地吸引。她的每一句言语，都在激励着学生成为更好的自己，经历过一学期的熏陶与学习，他也切实感到自己的变化与进步。遗憾的是时间匆匆，一学期的课程太短暂，结课的那一天他在忧虑，是否还有机会继续跟随李老师学习？

袁卫可本科毕业设计的指导老师就是李岩，他说："那时她已经是院长，每天忙得飞起。有一天，我们在"一·二九"田径场旁边的那条路上相遇，师徒二人在那里说着、写着、比划着，一眨眼半小时过去了，我心中的疑惑没了，我们的脸庞都被晚霞渲染得神采飞扬。"

袁卫可说，读研期间，感谢李老师请来的澳大利亚技术科学与工程院叶林院士，在听取其科研汇报中，一下就听出自己毫无觉察但特别根本的一个力学问题；感谢李老师争取来的先进材料技术研讨会，从这场学术盛宴中，他真正感受到学术的魅力。每一位专家汇报的时候，他都会把他们的幻灯片拍下来，以备日后仔细研究。他仔细观察他们的演讲方式，学者间的交流方式。哪怕是走路、喝水他都会去观察。

正所谓见贤思齐、投袂而起。袁卫可告诉记者，叶教授指出的问题是"层间断裂韧性的实验"中碰到的，很关键，若被忽略很致命。

"李老师总是鼓励我们乘着年轻，努力奋斗；她常说，习近平总书记说'幸福都是奋斗出来的'；唯有奋斗，才能越来越优秀；志在蓝天，必须有强健的翅膀（翅膀指的是复合材料研究），等等。"袁卫可说。

从李老师那学到做人做事规则的还有本科生徐菁。组队到海外参加国际复合材料大赛，好事。但办手续出了问题，情急之下，徐菁拨通了李岩老师的电话，希望搭上"直通车"。面对迫在眉睫的"工期"、乱成麻的头绪，徐菁犹如一只热锅上的蚂蚁，她在教学北楼的石子地上来回地走，几近哭诉地说话。"逻辑性不强，语言也乱七八糟。"徐菁说，李老师电话里的语气很温柔、很平静、很有"力量"："徐菁，你先不要着急。"耐心听毕，李老师告诉她："规矩大家都要遵守的，第一步、第二步……""10分钟的电话，让我豁然开朗、如释重负，轻装上阵。那是我人生中醍醐灌顶、刻骨铭心的10分钟。"徐菁感慨道。

学航空的同学们都记得李老师的这句话:"航空源头在欧美,人家先行、力行,走得远,我们得赶。"李倩学成归国加入团队后做的是绿色复合材料;杨伟东研究的则是芳纶蜂窝结构夹芯复合材料,这是大飞机核心原材料国产化的关键,用于舱内地板、尾翼舵面等飞机结构件,减重的同时还智能起来是他的奋斗目标。杨伟东说,"奋斗得来的果实可甜了。这次4月'大飞机原材料国产化'项目,我们一定要为国家争口气。"

团队参观大飞机

令人欣喜的是,十几年的培育锻造,这支导学团队目前已经形成"宽视野、厚基础、强创新、重应用"的人才培养体系,凝练出"大组会、小组会、一对一面谈"的多层级协同培养模式。于涛、付昆昆、杨伟东等虽然科研任务繁忙、担子极重,但个个都是新生导师、驻楼导师,付昆昆还是新生院同德学堂9班班主任,杨伟东现任学院研究生第一党支部书记。他们说:"我们就是沐浴师恩长大的,有责任有义务把阳光雨露洒向更多的年轻人。"

跟着这些导师们，航空航天与力学学院的研究生赴中国商飞、航天八院、中国航发商发参观实践；有了由中国商飞、CR929宽体客机项目、澳大利亚等专家担任的校外导师，"让同学们感受前沿的脉动，更好地生发航空报国的使命感。"李岩告诉记者。

（撰稿：程国政）

科教融合，培育高水平人才

——物理科学与工程学院王占山教授团队

【团队简介】

团队以王占山教授为核心，坚持"以前沿科学研究和高端技术创新培养高水平人才"的教育宗旨，秉承忠诚、极致、革新、协同的发展理念，紧密围绕国家战略需求和经济社会发展需求，艰苦奋斗，砥砺前行，组织带领研究生深入参与国家重点研发计划、国家科技重大专项、自然科学基金重大重点和重大国际合作等国家和省部级重点重大科研项目，在科研实践中实现对专业知识的学以致用，提升解决问题的能力、锤炼克服困难的品格，形成社会发展所需合格人才的基础素养。

团队坚持"以前沿科学研究和高端技术创新培养高水平人才"的教育理念，紧密围绕国家重大战略需求，引导研究生在科研实践中实现对专业知识的学以致用，培育解决问题的能力，锤炼克服困难的品格。

一、"远方其实就在自己脚下"

王占山自小就对科研事业充满向往，下定决心成为一名科学家。自南开大学毕业之后，就进入中国科学院长春光学精密机械与物理研究所学习工作。"我之所以选择长春光机所，是因为它承担了很多国家重大科研任务。能够把自己的事业建立在国家的事业基础上，我觉得是非常重要的。"王占山如是说。他在那里接触了很多光学前沿技术，每天都面临新的挑战，解决新的问题，体验科学的魅力。他始终记得他离开长春时，恩师陈星旦院士对他说过："等你到了我这个年纪，你要再回想回想你为国家做了什么。"

王占山老师在做实验

自2001年来到同济大学之后，王占山二十年如一日坚持做好光学课程的教学，学生们的认可和进步是他的原动力。不少学生说："王老师给我们上课是我们的幸运。"十年来，光学课的内容和授课方式年年出新，老师的讲授始终与业界"心跳"同频共振，深刻的理论见解、通俗的讲授方式在课堂上如影随形。研究生撰写论文，常常会碰到目标不清、思路不明等问题，王占山总是说："先学会读文献，才能写出好文章。"他挤出时间开设文献阅读课，撰写文献阅读手记，在研究生中推广阅读文献的"思维导图工具法"。得益于这些手把手的指导，研究生的写作水平得到明显提升。

"希望你们不要把追求金钱作为人生的终极目标。"王占山鼓励学生，"自己想成为什么样的人，远方其实就在自己的脚下。"诚信、恒心、毅力、细心、责任心等，都是王占山常常强调和珍视的品质，他说："科研工作容不得半分虚假，小事负责任，大事才能担当。"王占山对学生言之谆谆，与他自己的求学和科研历程息息相关，在他的带领下，光学科研团队形成了踏实、务实的作风。

二、"做到最好，做到极致"

在2019年度国家科学技术奖励大会上，王占山领衔完成的"多功能强激光薄膜器件设计与全流程制作技术及应用"项目，获国家技术发明奖二等奖。"王占山教授带领科研团队历经十余年潜心研究，发明了多功能强激光薄膜器件的新结构、新材料、新制作技术和设备，出成果出人才，获奖实至名归。"业内专家如是说。

"要把一件事做到尽善尽美，什么叫尽善尽美？做到最好，做到极致。用逻辑说话，用数据说话。"这是王占山在组会上经常教育学生们的话。有次学生在模型框架搭建上遇到了问题，认为可能是基于的算法不太适用，想更换其他的算法重新搭建框架，但他建议除非已经做到极致，无计可施了，否则不要轻易更换。王占山想要给学生传授一种面对问题的态度：遇

王占山老师领取国家技术发明奖

到问题,要逢山开路,遇水搭桥,而不要选择逃避问题,这样才可以把事情做到极致。

这种极致的要求也体现在实验室的日常管理与操作中,走进王占山团队的实验室,要做的第一件事就是换衣服、戴帽子、穿鞋套,然后进入第二个房间,"呼呼"的风搜遍全身,这是消静电的洁净新风。然后,就进入了令人眼前一亮的激光薄膜器件的世界了,激光薄膜的优化设计、超精密制作、高精度表征等,都在这些实验室里进行,悄无声息地工作是眼前的景象。"激光薄膜必须一尘不染。"程鑫彬教授介绍说,如果薄膜上有一颗灰尘,往往就成了报废激光装置的"引信"。他说,实验室出来的光学薄膜要达到的洁净程度,就像在一个420平方米的篮球场里,不允许有一粒芝麻般的灰尘存在。

多年来,在高标准严要求下,团队成果越来越丰富,应用领域越来越广泛。2017年5月19日,团队自主研发的"高性能激光薄膜器件及装置"

6项发明专利成功授权转让给润坤（上海）光学科技有限公司，合同金额共计3 800万人民币，创下了同济大学历史上最大额度的技术转移现金合同纪录；转让专利"一种激光薄膜的制备方法"获2018年度第二十届中国专利金奖。润坤公司2017年以来销售激光薄膜元器件超过25 000件。不仅如此，团队发明的清洗技术和刻蚀技术的商业应用产品，近3年便销售了设备40多台，生产厂家获利喜人。

三、"你们放心地往前冲，有我在呢"

自2001年起，王占山教授团队就开启了他们的"追星"之旅。坚持了多年的空间技术攻关，王占山不仅为我国积累了大量的空间光学探测器技术，同时也培养了一批高精尖的技术人才。当年追随者王占山脚步"追星"的少年们已然成长为课题组的科研技术骨干，而王占山教授团队在空间科学观测领域的工作也步入了新的篇章。

2021年1月，"中国科学院空间新技术试验卫星"项目启动，王占山教授团队作为工程总体方与中国科学院国家天文台、北京大学、西安光机所合作研制"46.5 nm太阳极紫外成像仪"。该项目技术难度大、时间短、经费紧，但是王占山教授并未退缩，"'有困难不要怕，失败了也不要怕，你们放心地往前冲，有我在呢！'在遇到技术困难的时候王占山教授总是这样激励我们。"该项目副主任设计师齐润泽讲道。"王老师是我们的太阳，除了在科研中给予了我们非常多的帮助外，他在科研中总是保持着年轻的活力也是非常值得我们年轻人学习的。"副主任设计师余俊说道。

在国际空间望远镜的研制中，一个成熟的空间望远镜从设计到研制完成至少需要4年的时间，但为了加速提高我国空间极紫外太阳观测技术能力，王占山带领团队，基于原有的经验，加班加点，放弃节假日，硬是用短短8个月的时间就完成了"设计—攻关—研制—实验"的全部流程，圆满实现了设计目标，望远镜也于2021年12月初交付装星，并于2022年

7月27日成功发射。2022年9月初,望远镜开机成功,"46.5 nm 太阳极紫外成像仪"已获取国际首张对50万度太阳大气窄带成像照片。这名"追星"的教授也带领他的学生们实现了"逐日"的梦想。

(撰稿:张众,蒋励,齐润泽,张锦龙,江涛,庄野琪)

科研软环境,他选择这样塑造

——医学院郑加麟教授团队

【团队简介】

团队由郑加麟教授领衔,主要从事神经免疫与再生医学方面的研究。该团队现有导师6名,博士生11名,硕士生2名。团队各个导师坚持立德树人、为人师表的信念,时刻进行师风师德学习,提高自我专业水平和做好教书育人的本职工作,相互配合,努力做真正的学高为师、身正为范的优秀导师团队。

郑加麟教授常跟学生强调"作为医学院的学生,必须以高层次创新人才标准作自我要求,对待学术一定要严谨,分毫马虎不得"。在这"严师"一面的背后,是对学生倾注不完的关心和爱,是对学生保持在线的诱导启迪。郑加麟身体力行提升课题组"科研软环境",为团队持续增添"科研BUFF"。

一、保持热情，坚定初心

"你们如果敢来拍着桌子跟我说，在这个问题上老师你错了，我就会非常开心，这说明你们有在认真地钻研。"这是郑加麟教授经常挂在嘴边的一句话。他宽厚谦和的处事风格，使学生与他的科研讨论总是轻松且高效，郑加麟也常喜欢以启发式提问的方式引起学生对课题的深度思考。郑加麟凌晨也常保持在线状态，总是第一时间反馈学生周报中提出的问题，这份对科研的执着热情、对学生的耐心指导让学生们深受触动。博士生赵姝说道："有次因为在科研中遇到一个问题迟迟想不通，凌晨给郑老师发了一封邮件，原以为第二天早上才会得到回复，没想到不到半小时就收到了回复邮件。"

郑加麟常教育引导学生，做科学研究不仅要敢于提问题，更要有大量前沿知识、学科背景知识作支撑。团队中的齐老师说道："郑教授身为医学院院长，尽管行政工作十分繁重，仍坚持每天将学科发展的前沿文章分享到实验室微信群，用一点一滴的行动督促学生不断强化科研硬实力内核，让学生时刻保有对科学研究的敏锐性，与国际前沿接轨。"

在实验室学生们的印象中，郑加麟在科研中提到最多的词是"一丝不苟""勤奋踏实""时刻向前""创新突破""独立思考"，说过最多的话是"我觉得这个现象很有意思，同学们我们头脑风暴一下……"郑加麟总是能抓住组会讨论中的每一个看似微小的细节，让头脑中一闪而过的思维火花竞相碰撞，以此来探索科研中的每一个新的可能性。这种方式对于训练学生的思维模式、提升学生的科研积极性有很大的帮助。

二、生命短暂，要学会爱

在医学生漫漫求学道路上，郑加麟不仅指导学生如何学习专业知识、探索科研，更是在学生日常生活方面给予贴心的指导，通过各种方式解决学生的成长困惑。有一次，课题组一个联合培养的学生在实验室与其他学

2019年6月课题组博士硕士毕业答辩合影

生产生了误会，相处起来不愉快，郑加麟找到学生，了解事情原委后对学生说："生命如此短暂，我们没有时间去争吵、道歉、伤心，我们只有时间去爱。"实验室的很多同学对郑加麟的这句话印象颇深："郑老师的这句话一直深深印刻在我的脑海里，让我时刻提醒自己，要快乐，要对生活充满爱。"

在学生需要帮助的时刻，郑教授的关心和爱护从不会缺席。陈同学在郑教授课题组已经度过六年时光，令他印象深刻的是，郑教授常常对他说"把生活安排好，才能更好地工作，这样才无后顾之忧"。在一次体检中，陈同学体内查出了一个小瘤，需要手术治疗。郑加麟听到学生住院的消息，第一时间赶往医院，因为担心学生身体而等不及电梯，一口气爬到九楼去看望学生。"身体最重要，做什么事都要有个好身体！"郑加麟的话让病房里瞬间多了几分暖意。陈同学每每回忆起这件事都忍不住感慨："郑老师对我们的关怀无微不至，能学习和成长在这样的课题组，我是有多幸运呀!"

2018年4月课题组樱花大道合影

三、享受所爱,做个"孩童"

在科研与行政工作的"磋磨"之下,郑老师究竟是如何保持孩童般的热情纯真的呢?成功的秘诀就在于享受所爱,做个"孩童"。郑老师曾将MAD(Motivation, Action and Dream)和HAD(Habit, Attitude and Decency)作为开学寄语送给新同济人,每每想起这些信条,都让人有如梦初醒之感。实验室孙同学说道:"与郑老师对话时常伴随着他爽朗的笑声,郑老师不仅会与学生们风趣攀谈,也会因为争论学术问题而'拍桌跳脚''面红耳赤'。他的快乐、可爱、赤诚常常打动我们。"

郑老师也常常分享自己在美国求学时的经历,他总是开玩笑说自己是实验室里最能熬的学生,"加麟不聪明,但绝对是最刻苦最坚持的那一个,因为他一直都清楚自己为什么选择这条路",这是郑老师的导师对他的评价。刻苦是因为对科研的热爱和对梦想的坚定,就像郑老师自己所说的那样:"选择自己真正喜欢、真正热爱的事业,这样才不会觉得苦,而会觉得是一种享受"。世界上最快乐的事,莫过于为梦想奋斗,莫过于为所爱而坚守,当学者将个人兴趣和人生价值融入其所做的工作中时,才能真正做到将职业变成事业,才会将自己的全部热情倾注其中。心中的火不熄,眼里的光不灭。快乐的人怎么会老呢?享受所爱,做个"孩童"!

郑加麟用为人师者的大爱感染着实验室里的每一个师生,用实际行动让实验室的同学们感受到课题组的温暖,让与科研相伴的日子变得更有温度,学生们笑着说:"这个课题组,爱了!"

(撰稿:王玲)

钻研甘坐冷板凳，创新敢为天下先
——数学科学学院许学军教授团队

【团队简介】

　　团队由国家杰出青年基金获得者许学军教授领衔，主要从事偏微分方程数值解法方面的研究。该团队现有导师1名，博士生6名，硕士生2名。计算数学团队具有"学习氛围浓厚，科研锐意创新，思想积极端正，师生协力同心"的鲜明特色，团队的研究生培养以"立学先立德，为学先为人"为教育根本，以"钻研甘坐冷板凳，创新敢为天下先"为指导精神，以"在讨论中求真知，在交流中共进步"为团队内核，打造了互帮互助、情谊深厚的导学团队，团队依托数学理论基础研究，背靠同济大学"智能计算与应用"数学中心，在算法理论、工程应用、人工智能等多个领域锐意进取，取得了优秀的成绩。

他是学生学术路上的启明星，立学先立德，为学先为人；他聚焦建设创新高地，引导学生钻研甘坐冷板凳，创新敢为天下先；他每周开一次讨论班，雷打不动，在讨论中求真知，在交流中共进步；他带领团队响应国家加强数学学科和基础研究建设的号召，依托同济大学"智能计算与应用"数学中心，围绕着国家重大科研项目和战略需求锐意进取……他，就是数学科学学院许学军教授。

一、立学先立德，为学先为人

"做学问是为了什么？"这就是许学军教授给研究生上的第一课。他认为，科学研究的"方法"和"门路"可以一步步引导学生慢慢探索，但做学问的目的必须要先让学生明确——学术研究不是为了发论文、评职称，而应该有着更高级的追求——要有求真精神和家国情怀。在他看来，做学问的目的，就是"以平生所知所学，为国家贡献自己的力量"。

"比起言语上的指导，老师的言传身教，更让我们敬佩。许老师务实的敬业精神，严谨的治学态度、渊博的学养积累最让我敬佩"，一说起许学军教授，同学们都这样认为。

而这种言传身教的影响，不仅仅体现在学术指导中，还体现在品格养成上。"大家要为中华民族之崛起而读书"，许学军教授关心团队里同学们的思想动态，会在讨论班之外时不时地和团队的同学们一起交流沟通。特别是对有入党意愿的同学，他总是积极地鼓励他们，还把他们推荐到学院和学校的党团活动中。在他的引导下，团队里已有半数同学入党。团队中的袁刘尧同学还担任数学科学学院研究生第一支部的副书记；刘拯同学在和许老师进行深入的谈话后，于 2019 年 11 月向组织递交了入党申请书。当今国际形势风云变幻、暗流涌动，同学们时常在学习之余讨论国内国际热点新闻。每每谈起国家命运，大家都认为当下正是祖国急需数学人才之际，应当刻苦学习、舒展才智，为祖国发展和中华民族的伟大复兴尽自己的绵薄之力。

许学军教授在"数学人午餐会"沙龙与同学们亲切交流

二、做有意义、能应用的研究

在研究生的学术素养培养方面,许学军教授坚持诚信学术、规范学术,培养有科学精神和科学素养的高质量科研人才。在研究方向方面,他将国家战略需求和个人特点结合在一起,根据每个同学的特长和优势,为他们选取合适的、具有创新性和科研价值的题目。依托同济大学"智能计算与应用"数学中心,他还紧密对标国家需求、瞄准世界科技前沿,在人工智能方向进行探索和发展,力争抢占相关数学基础研究创新制高点,为实现科技强国的国家战略贡献力量。

"研究选题有意义、数理基础够扎实、实际背景能应用"是许老师引导学生开展科研工作的三大要点。日常工作中,许老师将科研项目与理论研究充分结合,实现对学生的培养。通过发掘项目中的理论问题、整理项目研究路线、与相关专业其他教授进行学术交流等方式,许老师为学生们提供了丰富的理论研究和项目实践机会，让同学们真正做到"理论联系实际"。"秉承脚踏实地，求真务实的科研态度，才能真正地学以致用，为国家战略需求和区域发展建设事业添砖加瓦"，他时常这样教导学生。

三、提问是检验学生能力的法宝

"不管多忙，许老师每周都会抽出时间，用开讨论班的方式指点我们的学术研究"，2020级博士生梁启刚这样说。他认为，每周一次的讨论班是对学术最大的助益。

许学军教授会在每周固定的时间开讨论班，主要以学生登台汇报，老师提问指点的方式进行。即使平时工作再忙碌，他依然在讨论班上保持着清醒的思路与敏锐的洞察力。每当讲课的学生出现证明上的错误、疏忽，甚至是书写上的纰漏，他总能在第一时间指出。而与敏锐的洞察力相匹配的，便是鞭辟入里的提问。许老师并不希望团队的学生拿着课本或者论文照本宣科地讲。他总是希望通过同学们讲解的过程，了解大家是否真正理解了每个知识点、是否掌握了问题的本质。许老师的法宝就是"提问"——提的问题或许不难，但都深入知识的核心。

"而这种发问的方式，往往能促进我们更加深入地思考。"学生刘拯提到。他认为在学术之路上，许老师不仅是教授，更是引导者——引导大家用由浅入深的思路去学习，引导大家去把握证明的核心而不是形式，引导大家去关注论文的创新点，不仅"授人以鱼"，还"授之以渔"。确实，在许学军教授眼里，学生不仅仅是求学者，还是即将独自踏上修行之路的科研工作者，唯有掌握做研究的方法，才能在以后的路上走得长远。

在讨论班上，最讲求的是实事求是，对于花了功夫，认真钻研的同学，许老师从来不吝啬自己的认可与肯定；而对于准备不充分的同学，许老师也会毫不客气地指出。在自己认为有疑问的地方，许老师还会邀请大家一起参与讨论，发表各自的观点和看法，绝不搞"一言堂"。在讨论班上，偶尔也会出现同学思路卡壳、"挂黑板"的情况。此时，许老师会稍作提醒，或者示意同学去看一看笔记、看一看书，实在解决不了的，就留到下一次讨论班再上来汇报。比起研究进展的快慢，许老师更看中的是每个同学学习的状态和态度。他总是教导同学们，不要着急，多看些文献，多独立思考，要把问题吃透，最后做出结果就是水到渠成的事情。

四、从"Team"到"Family"

"所知所得研讨会"是许学军教授团队特有的传统。团队会不定期邀请国内外知名学者前来做学术报告，一起进行学术研讨，并在报告结束之后进行"所知所得研讨会"，共同分享、探讨报告内容，力求集思广益、共同进步。除了邀请学者来访，团队也会组织同学们参加各类暑期学术夏令营，前往不同的高校聆听来自全球各地专家学者的报告和前沿学术研究，一起夯实基础、开阔视野。

除了学习上的探讨交流外，团队也会不定期组织团建活动——预约学校场地进行羽毛球赛，周末共同参观名人故居、革命纪念地，教师节集体向老师表达感恩之情，为团队同学庆祝生日……这些活动既为团队里的老师同学们的生活增添了丰富多彩的趣味，又增进了师生情谊，增强了大家共同前进的团队意识。团队里已毕业的同学，依然在团队的大家庭中，也常常会参与到团队的集体活动中来。校园生活终有一天会结束，但在团队中培养的深厚友谊是没有期限的，这也是团队师生共同拥有的一笔宝贵财富。

"为了方便沟通和联系，我们组拉了一个微信群，最开始叫作'Team'，大家本就是一个团队，起这个名字合情合理，恰当自然。这学期不知道什么时候，也不知道是谁，把群名改成了'Family'。大家都很默契，没有人说，也没有人问，一切都很自然。从'Team'到'Family'，这就是我所在的团队，我的同门师友。"学生刘拯在推文里写道。

（撰稿：刘拯）